KB261246

조선의 사계 이야기

조선의 사계

이야기

글·사진 변현우

내가 태어나서 지금껏 숨 쉬며 살고 있는 내 나라 한국!

젊은 시절에는 그저 '한국은 가볼 곳이 별로 없는 작은 땅덩이'라고 생각했다. 그런데 지금 생각해보니 내 나라를 잘 알지 못하여 가보지 못한 곳이 수두룩하거늘, 남의 나라를 동경하며 늘 타국으로 떠나는 꿈을 꾸며 살았던 것 같다.

필자가 유네스코에 관심을 갖기 시작한 것은 제주도에 올레길이 만들어진 5년 전부터이다. 그동안 스무 번 정도 제주도를 방문했는데, 해변을 걸으며 시작된 첫 촬영이 이제는 산 중턱 제주 오름에 와 있다. 화산섬에 매료된 필자의 사진들은 2011년 6월, 올림푸스 갤러리에서 '섬 안에 또 다른 섬 제주우도'라는 개인전시회로 소개되었다.

제주도는 유네스코 세계자연유산에 등록되어 있기에 그간 촬영한 사진으로 기행을 구상하고 있었다. 그러던 중에 우리나라에 유네스코 문화유산으로 지정된 9곳을 촬영하면서 한국에 있는 유네스코 세계문화유산과 자연유산 답사기를 구상하게 되었다. 하여 한국에 있는 유네스코 세계유산을 3년에 걸쳐 촬영하다 보니 내 나라, 한국에 대한 역사에 서서히 눈이 떠졌다.

우리만의 독특한 문화와 자연이 어우러져 있는 한국에 있는 유네스코 세계유산은 과거로의 회귀와 함께 또 다른 세상을 만나게 한다. 그리고 보면 이런 한국에 있는 유네스코 세계유산에 대한 필자의 기억은 어린 시절, 그저 학교소풍 추억에나 있다. 1960년대 소풍장소로 단골메뉴는 고궁과 왕릉이었지만, 그때의 우리들은 그 소풍장소가 주는 의미에는 관심 없었다. 어머니께서 싸주신 맛있는 김밥을 먹는 일, 그리고 마냥 뛰어노는 것만이 즐거웠던 유적지 방문이었다.

한국에 있는 유네스코 세계유산 기행을 쓰다 보니, 필자는 21세기 현재를 살면서 과거 역사 속으로 젖어든다. 시계를 뒤로 돌려 그 시대의 상황을 회상하는 묘한 버릇이 생겼다. 정조와 효명세자는 왜 독살이라는 일설이 있을까? 정조가 계속 정치를 했다면, 역사는 어떻게 바뀌었을까? 이방원은 왜 왕자의 난을 일으켜 형제를 죽였을까? 여러 가지 의문이 생기기 시작하였다. 단순하게 촬영기행서를 구상하다가 자연스레 역사기행서가 되는 상황이다. 시작부터 어떻게 해야 사진도 살고, 역사적 의미를 알릴 수 있을까 고민에 빠지게 되었다.

사진을 위주로 하면 역사가 약해지고, 역사를 위주로 하니 너무 딱딱해진다. 2개월간 고민하다 사진을 촬영하려는 대중의 관점에서, 한국에 있는 유네스코 세계유산을 방문할 때 어떻게 촬영할 것인가와 그에 필요한 역사적 의미에 초점을 맞추기로 했다.

현재 유네스코 세계유산 목록에 등재된 유네스코유산은 160개국에 981점이 있다. 10년 동안 유네스코 세계유산을 기록하며 촬영하는 것이 나의 목표다. 이 생각만 해도 내 몸은 반응하면서 에너지가 넘쳐흐른다.

유네스코 세계유산은 문화유산, 자연유산, 복합유산 3가지로 나누어지는데, 981점 중에 문화유산이 759점, 자연유산이 193점, 문화유산과 자연유산이 결합된 복합유산이 29점이다.

한국의 유네스코 세계유산은 총 10점으로, 그중 세계문화유산으로 종묘(1995년), 해인사 장경판전 종묘(1995년), 불국사, 석굴암(1995년), 수원 화성(1997년), 창덕궁(1997년), 경주 역사지구(2000년), 고창, 화순, 강화 고인돌 유적(2000년), 조선 왕릉(2009년), 한국의 역사마을: 하회와 양동(2010년) 등 9점이, 세계자연유산으로 제주 화산섬과 용암동굴(2007년) 1점이 있다.

유네스코 세계유산목록에는 매년 새로운 유산이 추가 등재되고 있고, 한국의 유산 역시 계속 추가될 예정이

창덕궁
종묘
조선 왕릉
강화
강원도
울릉도
독도
서울
인천
종로구
경기도
하회마을
수원
충청북도
안동
화성
충청남도
대전
경상북도
경주
고창
전라북도
대구
합천
고인돌 유적
화순
광주
경상남도
울산
경주 역사지구
전라남도
부산
제주
불국사
제주 화산섬
제주 용암동굴
해인사 장경판전
양동마을

다. 한국의 유네스코 세계유산에는 먼 옛날 고인돌부터 조선에 이르기까지 우리만의 독특하고 다양한 예술문화와 정서가 존재한다. 신라의 수도 경주에서는 천년 동안 왕조를 이어오며 꽃피운 불교의 문화를 볼 수 있고, 조선시대 창덕궁 궁궐에서는 단아함과 웅장함을 느낄 수 있으며, 궁궐 후원과 연못은 자연과 잘 조화되어 수묵화를 연상시킨다. 한국의 혼이 배어 있는 유네스코 세계유산의 존재 의미를 생각해본다.

필자는 3년 동안 한국에 있는 유네스코 세계유산을 찾아다니면서 사진을 촬영하고 이 사진이 머금은 우리 조상의 발자취는 무엇을 의미하는지 기록했다. 이 기록이 한국에 있는 유네스코 세계유산을 방문하는 수많은 내외국인들에게 조금이나마 도움이 되었으면 하는 바람이다.

이를 위해 자료제공 및 촬영협조를 해주신 유네스코한국위원회 문화커뮤니케이션팀, 문화재청과 출판이 가능하도록 해준 무한출판사에 감사드린다. 그리고 사진촬영을 위해 삼성전자, 파나소닉코리아, 올림푸스에서 카메라와 렌즈를 협찬해주어 필자의 촬영이 수월하도록 해주었기에 또한 감사의 인사를 전한다.

— 변 현 우

목차

유네스코(UNESCO, 유엔교육과학문화기구)가 1972년 11월 제17차 정기총회에서 채택한 '세계 문화 및 자연유산 보호협약(세계유산협약)'에 따라 가치 있는 세계유산을 지정한다. 세계유산 위원회가 심의하는 세계유산에는 유적·건축물 등 인간이 만든 문화유산과 생물학적 군락·멸종 위기에 처한 동·식물 서식지 등 자연유산, 문화유산과 자연유산의 특징을 동시에 충족하는 복합유산 등 3가지로 분류·관리하고 있다.

세계유산 등재 기준

세계유산은 '탁월한 보편적 가치(OUV, Outstanding Universal Value)'를 갖고 있는 부동산 유산을 대상으로 한다. 따라서 세계유산 지역 내 소재한 박물관에 보관한 조각상, 공예품, 회화 등 동산 문화재나 식물, 동물 등은 세계유산의 보호대상에 포함되지 않는다.

어떤 유산이 세계유산으로 등재되기 위해서는 한 나라에 머물지 않고 탁월한 보편적 가치가 있어야 한다. 세계유산 운영지침은 유산의 탁월한 가치를 평가하기 위한 기준으로 다음 10가지 가치평가 기준을 제시하고 있다.

기준 i부터 vi까지는 문화유산에 해당되며, vii부터 x까지는 자연유산에 해당된다. 이러한 가치평가기준 이외에도 문화유산은 기본적으로 재질이나 기법 등에서 유산이 진정성(authenticity)을 보유하고 있어야 한다. 또한 문화유산과 자연유산 모두 유산의 가치를 보여줄 수 있는 제반 요소를 포함해야 하며, 법적, 제도적 관리 정책이 수립되어 있어야 세계유산으로 등재할 수 있다. 세계유산 등재기준을 표로 정리하면 아래와 같다.

구분 기준 및 사례

문화유산

ⅰ 인간의 창의성으로 빚어진 걸작을 대표할 것(호주 오페라 하우스)

ⅱ 오랜 세월에 걸쳐 또는 세계의 일정 문화권 내에서 건축이나 기술 발전, 기념물 제작, 도시 계획이나 조경 디자인에 있어 인간 가치의 중요한 교환을 반영(러시아 콜로멘스코이 성당)

ⅲ 현존하거나 이미 사라진 문화적 전통이나 문명의 독보적 또는 적어도 특출한 증거일 것(태국 아유타야 유적)

ⅳ 인류 역사에 있어 중요 단계를 예증하는 건물, 건축이나 기술의 총체, 경관 유형의 대표적 사례일 것(종묘)

ⅴ 특히 번복할 수 없는 변화의 영향으로 취약해졌을 때 환경이나 인간의 상호 작용이나 문화를 대변하는 전통적 정주지나 육지 · 바다의 사용을 예증하는 대표 사례(리비아 가다메스 옛 도시)

ⅵ 사건이나 실존하는 전통, 사상이나 신조, 보편적 중요성이 탁월한 예술 및 문학작품과 직접 또는 가시적으로 연관될 것. 다른 기준과 함께 적용 권장(일본 히로시마 원폭돔)

※ 모든 문화유산은 진정성(authenticity/ 재질, 기법 등에서 원래 가치 보유) 필요

자연유산

ⅶ 최상의 자연 현상이나 뛰어난 자연미와 미학적 중요성을 지닌 지역을 포함할 것(케냐 국립공원, 제주 용암동굴 · 화산섬)

ⅷ 생명의 기록이나, 지형 발전상의 지질학적 주요 진행과정, 지형학이나 자연지리학적 측면의 중

요 특징을 포함해 지구 역사상 주요단계를 입증하는 대표적 사례(제주 용암동굴 · 화산섬)

ix 육상, 민물, 해안 및 해양 생태계와 동 · 식물 군락의 진화 및 발전에 있어 생태학적, 생물학적 주요 진행 과정을 입증하는 대표적 사례일 것(케냐 국립공원)

x 과학이나 보존 관점에서 볼 때 보편적 가치가 탁월하고 현재 멸종 위기에 처한 종을 포함한 생물학적 다양성의 현장 보존을 위해 가장 중요하고 의미가 큰 자연 서식지를 포괄(중국 쓰촨 자이언트판다 보호구역)

공통

완전성(integrity) : 유산의 가치를 충분히 보여줄 수 있는 충분한 제반 요소 보유

보호 및 관리체계 : 법적, 행정적 보호 제도, 완충지역(buffer zone) 설정 등

유네스코한국위원회 홈페이지(www.unesco.or.kr/heritage) 참조

조선의 왕들이 살던 창덕궁

제1장

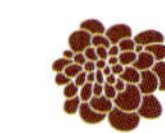

갤러리

왜 창덕궁이 유네스코에 지정되었을까?

조선시대의 궁궐은 경복궁, 창덕궁, 창경궁, 덕수궁, 경희궁 5곳이 있다. 유독 창덕궁만 유네스코 세계유산에 지정된 이유를 찾다보면 창덕궁을 제외한 나머지 궁들은 평탄한 곳에 질서 정연하게 건물이 들어서 있어 단조롭고, 소실된 궁궐을 근래에 복원시킨 건물이 많은 관계로 유네스코 세계유산 지정에 제외된 것 같다. 창덕궁은 그나마 소실된 궁궐이 적고 자연과 조화를 이룬 가장 한국적인 궁궐이라 유네스코에서 한국에 있는 궁궐 중에 유일하게 창덕궁이 지정되었다.

필자도 다섯 궁궐을 다니면서 촬영하다 보면 정감이 가는 곳이 창덕궁과 창경궁이다. 창덕궁과 창경궁은 건물과 자연의 조화가 잘 이루어진 궁궐이기 때문이다. 궁궐을 촬영하다 지치면 나무그늘이나 연못정자 옆에서 앉아 자연을 감상하다 보면, 힐링이 되어 시간 가는 줄 모르고 폐장한다고 안내방송이 나와 나온 적이 많다.

서울 시내 한복판에 이런 곳이 있다는 것은 행복인 것 같다. 그래서 필자가 창경궁에서 강의를 할 때 창경궁을 1,000원의 행복이라 한다. 입장료 1,000원을 내고 들어가면 서울에서 보기 힘든 과거의 향기와 자연을 만끽할 수 있으니 얼마나 좋은가!

세계유산적 가치

동아시아 궁전 건축사에 있어 비정형적 조형미를 간직한 대표적인 궁으로 주변 자연환경과의 완벽한 조화와 배치가 탁월하여 1997년 12월 세계문화유산에 등재되었다.

17

파나소닉 GF3 | F8 | 1/80s | ISO 160 | 노출보정 −0.33
초점거리 14mm | TIME 16:25 | 창덕궁 흥복헌 굴뚝

파나소닉 LX7 | F1.4 | 1/80s | ISO 80 | 노출보정 0
초점거리 24mm | TIME 15:18 | 창덕궁 대조전 경춘각

파나소닉 G3 | F2.8 | 1/640s | ISO 160 | 노출보정 0
초점거리 90mm | TIME 15:50 | 창덕궁 인정전 청동드무

역사 위를 걷다

왜 창덕궁을 만들었을까?

창덕궁은 태종에 의해 만들어졌는데, 내막을 들여다보면 비운의 창덕궁이라는 생각이 든다. 태조 이성계에게는 부인이 둘 있었는데, 이성계가 무명 시절 고향에서 맞이한 첫 번째 부인 신의황후 한씨로 소생으로는 '1남 이방우, 2남 이방과, 3남 이방의, 4남 이방간, 5남 이방원, 6남 이방연' 아들 6명이 있었다.

2남 방과 정종은 1차 왕자의 난 뒤 태조에 이어 왕이 되었는데, 형제들의 권력 다툼으로 벌어진 살인 현장이 싫어서 다음 해에 수도를 옛 고려 수도 개경으로 옮긴다. 수도를 개경으로 옮긴 후, 제2차 왕자의 난이 일어나 이방원이 제압하고 최고 권력자가 된다. 그래서 정종은 재임 2년 만에 이방원에게 왕위를 양도하여 3대 조선의 왕 태종이 된다.

3대 조선의 왕이 된 태종은 다시 한양으로 가기 위해 기존에 태조가 기거했던 정궁인 경복궁 외에 태종 5년 1405년 이궁으로 창덕궁을 건립하게 된다. 태조가 조선 건립 후 8년 동안 왕이 세 번이나 바뀌었는데, 권력 다툼 비운의 시대라 할 수 있다.

왜 8년 동안 왕이 세 번이나 바뀌었을까?

태조 이성계에게는 신의황후 한씨 외에 두 번째 부인인 신덕왕후 강씨가 있었다. 신덕왕후 강씨는 고려조 제일 권문세가의 딸로 집안의 배경과 두터운 인맥의 도움으로 조선을 세우는데, 큰 공을 세워 태조는 조선을 세운 뒤 강씨를 왕비로 책봉하였다. 이 당시 강씨에게는 두 아들 7남 이방번, 8남 이방석과 딸이 있었는데 태조에게 후광을 입은 신덕황후 강씨의 뜻에 따라 막내인 8남 이방석을 왕세자로 책봉한다. 그래서 첫 번째 부인 신의황후 한씨 소생 아들 이방원은 신덕황후 강씨의 막내인 8남 이방석을 왕세자로 책봉된 것에 대해 불만을 품게 만들어 여러 왕자를 포섭해 군사를 일으켜 제1차 왕자의 난을 일으킨다.

이 과정에서 신덕왕후 강씨 소생 왕세자 이방석, 이방번, 왕세자 편이었던 조선개국 1등공신 정도전, 남은, 심효생 정적을 살해하고 이방원이 권력을 잡는다. 이때 이방원은 장자승계의 법칙에 따르고 난을 일으킨 것을 정당화하기 위해 2남 이방과에게 왕세자 자리를 넘겨주는데, 이는 1남 이방우가 이미 사망했기 때문이었다.

제1차 왕자의 난이 수습된 뒤, 태조 이성계는 조선을 건국하여 왕위를 한 지 6년 만에(1398년) 제1차 왕자의 난으로 두 아들과 사위까지 잃어 크게 상심하여 이방과에게 왕위를 물려주는데 조선 2대왕 정종이 되었다.

정종은 정치적 권력이 약하다 보니 4남 이방간이 왕권을 차지하기 위해 제2차 왕자의 난을 일으켰다. 이때 난을 이방원이 제압하자 최고 권력자가 된 5남 이방원에게 재임 2년 만에 정종이 왕위를 양도하여 방원이 3대 조선의 왕 태종이 된다. 이렇게 하여 조선개국 8년 동안에 3명의 왕이 생긴다.

왜 정종은 왕위를 2년밖에 못했을까?

제1차 왕자의 난에 권력을 잡은 5남 이방원에게 4남 이방간이 불만이 많았는데, 박포가 나타나서 이방원이 이방간을 죽이려 한다는 말을 믿고 사병을 동원하여 제2차 왕자의 난을 일으킨다. 하지만 이방원의 승리로 이방원의 반대세력은 거의 없어지고, 정치적 세력이 강화되어 정종은 상왕 태조의 허락을 받아 1400년 2월 이방원을 왕세자로 책정한다. 그해 11월에 정종은 왕위를 물려주니 왕이 된 지 2년 만에 물러나게 되는데 정종의 정치적 세력이 미약했던 것 같다. 정치적 세력이 막강한 이방원이 조선 3대왕 태종이 됨으로서 사병제도를 없애고 병권 집중과 중앙집권

체제를 강화하여 태종 때의 왕권 강화 기반을 조성한 일련의 제도 개혁이 가능하게 되었다.

태조 이성계가 1392년 조선을 건립하여 수도를 개경에서 1394년 한양으로 옮겨 자신이 머무는 정궁 경복궁이 만들어지는데, 추후 1405년 태종이 만든 창덕궁은 경복궁에 이어 두 번째로 만들어진 궁궐로 이궁으로 만들어졌다.

궁궐은 왕과 왕비를 포함해 가족이 사는 곳을 궁궐이라고 하는데, 조선시대 역대 왕이 거처하면서 정사를 보았던 5개의 궁궐이 있다. 경복궁, 창덕궁, 창경궁, 덕수궁, 경희궁 5개 궁궐로 경복궁을 중심으로 경복궁은 북쪽에 있어 북궐이라 불렸고, 창덕궁과 창경궁은 동쪽에 있어 동궐이라 불렸고, 덕수궁과 경희궁은 서쪽에 있어 서궐이라 불렸다.

500년 조선왕조에서 258년을 왕조가 머물렀던 궁궐 창덕궁은 태종 5년(1405년)에 왕이 거처하던 정궁인 경복궁 외에 왕이 거동할 때 머무르던 별궁으로 지은 궁궐이다. 창건 당시 창덕궁의 정전인 인정전, 편전인 선정전, 침전인 희정당, 대조전 등 중요 전각이 완성되었다. 그 뒤 태종 12년(1412년)에는 돈화문이 건립되었고, 세조 9년(1463년)에는 약 6만 2000평이던 후원을 넓혀 15만여 평의 규모로 궁의 영역을 확장하였다.

| 대조전

파나소닉 GF3 | F8 | 1/200s | ISO 160 | 노출보정 0 | 초점거리 15mm | TIME 08:15 | 창덕궁 인정전 |

23

임진왜란 때 소실된 것을 선조 40년(1607년)에 중건하기 시작하여 광해군 5년(1613년)에 공사가 끝났으나, 다시 1623년의 인조반정 때 인정전을 제외한 대부분의 전각이 소실되었다가 인조 25년(1647년)에 복구되었다. 그 후에도 여러 번 화재가 있었으며, 1917년에 대조전·희정당 일곽이 소실되어 1920년에 경복궁의 교태전·강녕전 등 많은 건물을 철거하여 창덕궁으로 이건하였다.

창덕궁은 1610년 광해군 때 정궁으로 쓰게 된 뒤, 1868년 고종이 경복궁을 중건할 때까지 258년 동안 역대 제왕이 정사를 보살펴 온 법궁이었다. 창덕궁 안에는 가장 오래된 궁궐 정문인 돈화문, 신하들의 하례식이나 외국사신의 접견장소로 쓰이던 인정전, 국가의 정사를 논하던 선정전 등이 있으며, 왕과 왕후 및 왕가 일족이 거처하는 희정당, 대조전 등의 침전공간 외에 연회, 산책, 학문을 할 수 있는 매우 넓은 공간을 후원으로 조성하였다.

정전공간의 건축은 왕의 권위를 상징하여 높게 되어 있고, 침전건축은 정전보다 낮고 간결하며, 위락공간인 후원에는 자연지형을 위압하지 않도록 작은 정자각을 많이 세웠다.

정궁인 경복궁, 행궁인 창경궁과 경희궁에서는 정문으로부터 정전, 편전, 침전 등이 일직선상에 대칭으로 배치되어 궁궐의 위엄성이 강조된 데 반하여, 창덕궁에서는 정문인 돈화문은 정남향, 궁 안에 들어 금천교가 동향으로 되어 있으며, 다시 북쪽으로 인정전, 선정전 등 정전이 자리하고 있다. 그리고 편전과 침전은 모두 정전의 동쪽에 전개되는 등 건물 배치가 여러 개의 축으로 이루어져 있다.

오늘날 자연스런 산세에 따라 자연지형을 크게 변형시키지 않고, 산세에 의지하여 인위적인 건물이 자연의 수림 속에 포근히 자리를 잡도록 한 배치는 자연과 인간이 만들어낸 완전한 건축의 표상이다. 또한 왕들의 휴식처로 사용되던 후원은 300년이 넘은 거목과 연못, 정자 등이 자연과 조화를 이루도록 함으로써 건축 및 조경은 역사적 측면에서 빼놓을 수 없는 귀중한 가치를 지니고 있다. 후원은 태종 5년(1405년) 창덕궁을 창건할 때 후원으로 조성되었으며, 삼삼와 옆에 작은 문이 있는데 창경궁과도 통하도록 하였다.

삼삼와

대부분의 정자는 임진왜란 때 소실되었고 지금 남아 있는 정자와 전각들은 인조 원년(1623년) 이후 개수 · 증축된 것이다. 이곳에는 각종 희귀한 수목이 우거져 있으며, 많은 건물과 연못 등이 있어 왕과 왕비들은 이곳에서 여가를 즐기고 심신을 수양하거나 학문을 닦고 연회를 베풀었다. 창덕궁은 조선시대의 전통건축으로 자연경관을 배경으로 한 건축과 조경이 고도의 조화를 표출하고 있으며, 후원은 동양조경의 정수를 감상할 수 있는 세계적인 조형의 한 단면을 보여주고 있다.

| 삼삼와 |

창덕궁을 찬찬히 산책하다

산을 뒤로 두고 궁을 지은 창덕궁은 다른 궁궐과 달리 전체 면적의 60% 정도를 차지하는 후원(비원)에 유난히 나무가 많아서 궁을 보며 걷기에 좋다. 그래서인지 다른 궁 입장료는 하나인데, 창덕궁만 입장료가 후원을 구경하려면 요금을 별도로 받아 후궁을 구경하기에는 비싼 편에 든다.

필자도 창덕궁 후원은 촬영하기 좋은 날씨 좋은 날, 단풍 지는 가을, 눈 내리는 겨울에 5,000원을 추가 지불하며 자연과 조화를 이룬 정적인 후원을 감상하며 사진 촬영을 한다. 창덕궁은 내외국인에게 많이 알려져 촬영하는데 항상 사람이 많은 관계로 오전 9시 개장시간이나 문 닫기 2시간 전에 촬영한다.

그래서 단풍 지는 가을날에 유네스코 한국위원회와 문화재청의 도움으로 일반 관객이 입장하기 전 오전 7시에 촬영한 적이 있었는데, 후원을 혼자 감상하며 걸으니, 안내인을 따라 여러 명이 함께 관람할 때와 사뭇 다른 느낌이 들었다. 마치 내가 조선의 왕이 된 것 같은 기분을 만끽하며 드넓은 후원을 조용히 걸어본다.

계곡과 구릉에 단풍이 물든 나무와 정자, 그리고 단풍이 물든 나무가 반사된 연못을 보니 마음이 차분하게 가라앉고 머리가 맑아졌다. 왜 왕이 머리를 식히고 싶을 때 후원을 찾게 되었는지 기분을 알 것만 같았다. 창덕궁 후원(비원)은 자연환경과 적절히 어우러져 우리나라 전통 정원 양식을 갖추고 있기 때문에 왕이 나랏일을 하다가 머리를 식히고 싶을 때 휴식을 취하던 곳으로 300년이 넘는 큰 나무들과 연못·정자 등이 어우러진 친환경 정원으로 촬영 소재가 많은 곳이다.

| 파나소닉 G3 | F8 | 1/125s | ISO 160 | 노출보정 −1 | 초점거리 28mm | TIME 13:25 | 창덕궁 부용지 |

| 파나소닉 G3 | F8 | 1/80s | ISO 160 | 노출보정 0 | 초점거리 28mm | TIME 08:48 | 창덕궁 애련지 |

| 파나소닉 G3 | F8 | 1/80s | ISO 160 | 노출보정 0
| 초점거리 28mm | TIME 09:34 | 창덕궁 관람정 |

| 파나소닉 G3 | F11 | 1/160s | ISO 160 | 노출보정 -0.3
| 초점거리 28mm | TIME 15:16 | 창덕궁 후원 입구 |

파나소닉 G3 | F8 | 1/30s | ISO 160 | 노출보정 0 | 초점거리 74mm | TIME 16:41 | 창덕궁 선향재 연못 |

파나소닉 G3 | F5.6 | 1/60s | ISO 160 | 노출보정 0 | 초점거리 82mm | TIME 15:40 | 창덕궁 낙선재 주변 정자 |

29

다른 궁궐은 정문을 지나면 정전이 보이는데 창덕궁은 보이지 않는다. 자연의 지형지물을 그대로 이용하여 정전을 배치해서 그런 것 같다.

창덕궁 후원은 조화롭게 건물과 정원을 배치하였는데, 당시 조상들은 자연과 같이 동화하여 만드는 것이 좋다고 생각했던 것 같다. 창덕궁 후원을 보면 그 시대를 대표하는 조선 궁궐이지만 화려함과 사치스러운 면모가 두드러지지 않고, 북한산과 매봉산으로 이어진 산줄기를 이용해 가장 넓고 경치가 아름답다. 일찍부터 왕실 사람들에 큰 사랑을 받았던 창덕궁 후원은 자연을 그대로 살리면서 최소한으로 손을 대고 한국 전통 정원 건축양식을 살린 대표적인 장소이다. 그래서 창덕궁 후원을 보면 고유한 우리 민족의 정서와 미감을 느낄 수 있다.

필자는 사진 강의를 할 때 사진촬영장소로 고궁을 많이 선택하는데, 고궁은 다른 곳보다 촬영하기가 까다로운 곳이다. 우선 촬영하기 위해서 고궁의 역사를 알아야 하고, 고궁의 건축물은 직선과 곡선이 같이 있어 구도를 맞추기가 까다롭다. 그리고 고궁을 사실적으로 표현할 것인가? 아니면 고궁의 의미를 부여하는 비사실적으로 표현할 것인가? 고궁 촬영 시 고민해야 할 부분이다.

그래서인지 창덕궁을 수십 번을 방문하여 촬영하였는데도 다른 사진이 나오는 것 같다.

창덕궁 입구에서 3,000원(후원은 별도 5,000원)을 내고 입장권을 구입하여 돈화문을 들어가면 금천교를 지나기 전에 규장각과 검서청인 외전이 보이고, 금천교를 지나면 내전이 시작된다.

조선왕들이 살았던 창덕궁은 고려를 멸망시키고 조선왕조의 태조 이성계가 조선을 건국하여 처음로 지은 궁궐 경복궁에 이어 두 번째로 만들어진 궁궐로 창덕궁은 이궁으로 지어졌다. 창덕궁은 나라에 전쟁이나 큰 재난이 일어나 공식 궁궐 경복궁을 사용하지 못할 때를 대비하여 지었다.

임진왜란 때 경복궁, 창덕궁, 창경궁이 모두 불에 타서 소실이 되었는데, 법궁인 경복궁을 먼저 복구를 하지 않고 이궁인 창덕궁을 먼저 복구하였다. 이때부터 이궁인 이곳 창덕궁에서 왕들이 정사를 보기 시작한 것을 보면 조선의 왕들 중에는 평탄한 곳에 질서 정연하게 건물이 들어서 있는 경복궁보다 자연과 잘 어우러진 창덕궁을 더 좋아한 왕이 많았던 것 같다.

임진왜란 전에도 성종과 연산군은 왕위에 오르면서 주로 창덕궁에 머물면서 정사를 보았다고 한다. 임란 이후 많은 왕들이 머물며 정사를 보게 된 창덕궁은 자연스럽게 조선왕조의 중심지가 되었다.

창덕궁은 조선왕조의 독특한 궁궐 건축과 정원 문화를 대표하는 궁궐이다. 특히 후원은 숲과 나무, 연못, 정자, 화단 등이 환상적인 조화를 이루고 있어 창덕궁의 진정한 아름다움을 느낄 수 있는 곳이다.

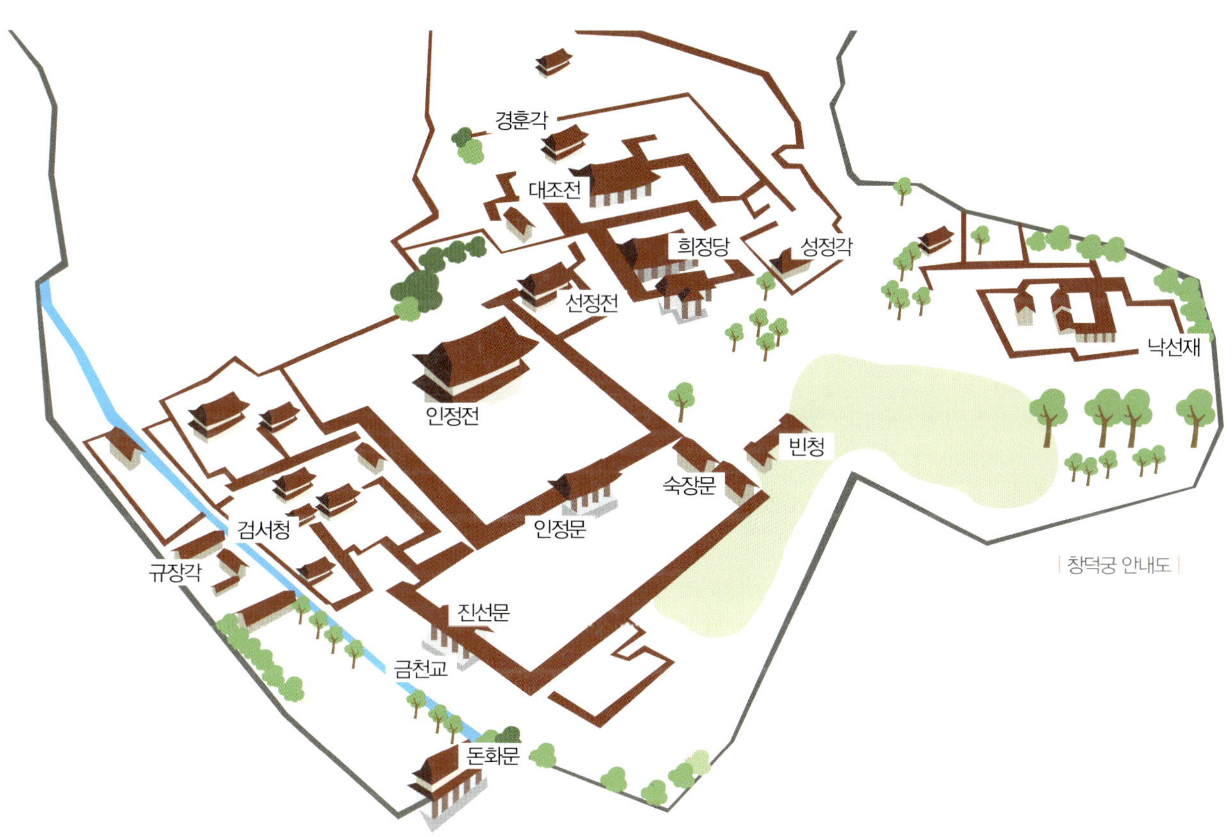

돈화문

창덕궁의 정문인 돈화문(보물 제383호)은 지금까지 전해오는 여러 궁궐의 정문들 중 가장 오래된 정문으로 원래는 화강석조의 하얀색 댓돌이 있었고, 그 위에 2층으로 세운 중문이었다. 이런 양식은 옛날 삼국시대로부터 궁궐의 정문으로 채택되어, 조선왕조의 정궁인 경복궁의 대문 광화문 역시 홍예문이 셋이 열린 육축 위에 올려 세운 구조이다.

돈화문과는 그 모습이 완연히 다르다. 창덕궁의 모든 구성은 이궁으로서의 조촐한 맛을 지니고 있다. 그래서 돈화문은 그런 구조를 대표한다. 창덕궁과 더불어 돈화문도 임진왜란 때 불에 타서 복구된 것은 선조 40년(1607년)이었다. 돈화문은 중국의 유교 경전인 『중용』의 '대덕 돈화'에서 따온 말로 '어진 마음으로 백성을 가르치고 사랑한다'는 뜻으로 만들어졌다고 한다.

| 삼성 NX200 | F9 | 1/200s | ISO 200 | 노출보정 0
| 초점거리 24mm | TIME 13:48 | 창덕궁 돈화문

| 삼성 NX200 | F9 | 1/80s | ISO 200 | 노출보정 0
| 초점거리 24mm | TIME 13:49 | 창덕궁 돈화문

| 파나소닉 G3 | F8 | 1/250s | ISO 250 | 노출보정 -0.3
| 초점거리 28mm | TIME 17:01 | 창덕궁 돈화문

금천교

조선왕궁에는 '북쪽을 지키는 신령을 상징한 짐승에서 흐르는 물줄기가 있으면 극히 길하다'는 명당수가 있는데, 궁의 정문에서 궁전으로 들어가려면 이 명당수 위에 놓인 돌다리를 통과하여야 한다. 경복궁의 영제교, 창경궁의 옥천교와 덕수궁과 경희궁에도 있었던 그런 다리가 창덕궁은 금천교이다. 금천교는 길이가 12.9m, 폭이 12.5m로 태종 11년(1411년)에 조성되었다. 현재 서울에 남아 있는 석교 중에서 가장 오래된 것이다. 다리의 구조를 보면 하천 바닥에 깔린 기반석 위로 홍예 2틀을 만들고 돌난간을 세웠는데 다리 윗부분은 장대석으로 깔았다.

중앙부의 홍예 기반석 남쪽 면에는 화재와 재앙을 막아주는 해태상, 북쪽에는 거북상을 설치하였는데 이들 상 뒤로 홍예틀이 만나는 기석에 귀면이 조각되어 잡귀를 쫓고 있다. 그리고 이 다리는 평면이 아니라 중앙이 들린 구릉형이다. 이 다리 앞에 명당수와 관련되는 궁의 외당문인 진선문이 있다. 돈화문 내원에 회화나무의 수림이 울창한데, 이는 고대부터 궁문내정에 정승나무를 심는 제도에서 비롯되었다.

진선문

창덕궁에는 궁 정문에서부터 정전에 이르는 주 출입선에 세 개의 문이 세워져 있다. 세 개의 문은 돈화문, 진선문, 인정문이다. 돈화문은 제일 바깥에 위치한 창덕궁의 정문이고, 다음 금천교를 건너 만나게 되는 진선문이 있고, 진선문을 지나면 마지막 인정문인 주 출입문이 나온다. 이처럼 진선문은 창덕궁 출입문에서 중문이다.

진선문은 남북축의 돈화문이나 인정문과는 달리 동서축으로 세워져 있어 돈화문으로 들어와 북측으로 진행하다 동측으로 꺾어서 금천교와 진선문을 지나게 되며, 다시 북측으로 꺾어서 인정문으로 들어가게 된다. 진선문 북측 행각 끝에는 동으로 정무를 보는 관청이 있고, 남측 행각 끝에서는 동으로 궁궐 안에서 임금을 호위하는 군대 및 무기를 관리하던 내병조가 연결된다.

신문고

『경국대전』을 보면 1402년(태종 2년) 진선문 앞에 태종이 선정을 베풀기 위해 '원통하고 억울함을 호소할 자는 신문고를 두드려라'라고 신문고를 설치하였으나, 군사가 지키는 돈화문을 지나 신문고를 치는 사람이 없어 중간에 유명무실해져 없어졌다.

1771년(영조 47년)에 다시 신문고를 설치하여 백성들에게 '원통하고 억울함을 호소할 자는 소장을 내되, 그래도 억울하다면 신문고를 두드려라'라고 신문고를 치는 절차를 만들었다. 제대로 교육을 받지 못한 일반 백성들이 까다로운 절차에 소장을 포기하게 되고, 병사들이 지키고 있는 돈화문을 통과하여 신문고를 치기란 여간 어려운 일이 아니었을 것이다.

따라서 두드리기 힘든 신문고는 포기하고 왕의 행차에 뛰어들어 어려움을 호소하는 백성들이 많아져 조정의 골칫거리가 되기도 하였다고 한다.

진정 백성의 고통을 알고 싶었다면 병사가 지키는 정문 돈화문을 지나 진선문에 신문고를 만들었을까? 백성을 진정으로 생각했다면 돈화문 앞에 만들었을 것이다.

지금도 청와대 앞에 가면 위압감을 느끼는데 이 시대에는 위압감이 더해 돈화문 근처에도 가지 못했을 것이다. 당시에는 양반과 평민의 갈등이 많았을 것이다. 신문고를 치는 대상이 거의 평민이었기에 기득권을 가진 양반들이, 이익보다 손해 보는 것이 많을 것 같아 여러 가지 이유를 내세워 돈화문이 아닌 진선문 앞에 설치한 것 같았다.

| 파나소닉 G3 | F8 | 1/250s | ISO 160 | 노출보정 0 | 초점거리 15mm | TIME 08:03 | 창덕궁 진선문 |

| 삼성NX11 | F5.6 | 1/160s | ISO 400 | 노출보정 0 | 초점거리 200mm | TIME 18:27 | 창덕궁 진선문 |

숙장문

숙장문은 진선문을 지나면 바로 보이는데, 선정전 및 내전지역으로 갈 수 있는 문으로 어차고 서쪽에 위치한다. 북쪽으로는 인정문 담장과 연결시켰고, 남측으로는 인정전 외행각의 동행각과 연결하였다. 그러나 숙장문과 함께 인정전 외행각은 인정전 내행각과는 다소 틀어진 배치로 되어 있으며, 진선문과 함께 동서방향의 축을 형성하고 있다. 문의 전면에 해당하는 인정전 외행각의 내부 쪽에는 어도를 두었는데, 진선문 및 인정문과 연결된다. 어도는 중앙부와 양측부로 나누어 세 부분으로 되어 있으며, 중앙부를 양측부보다 높여 두 단으로 구성하였다.

<h1 style="text-align:center">인정문</h1>

인정문(보물 제813호)은 인정전을 에워싼 행각의 대문으로 남쪽 중앙에 위치하고 있다. 나지막한 댓돌에 설치한 돌층층다리를 올라서면 좌, 우, 중앙 3간문을 들어서게 된다. 다른 곳의 대문과는 그 구조와 장식이 다르다. 원래의 모습에서 변형되었기 때문이다. 태종 5년에 창건한 것이나 임진왜란을 겪고 복구되었다가 인조반정 때 손상을 입었다. 영조 20년(1744년)에 불에 탔는데, 이듬해에 곧 중건되었다. 순조 3년 인정전이 불에 타 이듬해에 인정전과 인정문이 보수가 되었다고 하는데 인정문은 창덕궁 대문 중에서도 풍파에 시달렸던 대문인 것 같았다.

파나소닉 G3 | F8 | 1/60s | ISO 160 | 노출보정 0 | 초점거리 28mm | TIME 08:12 | 창덕궁 인정문

인정전

인정전(국보 제225호)은 창덕궁의 정전으로 왕의 즉위식, 신하들의 하례, 외국사신의 접견 등 중요한 국가적 의식을 치르던 곳이다. 임금이 조정의 모든 벼슬을 가진 신하와 만나서 조회를 하려면 인정전에 모인다. 임금이 높이 앉아 내려다볼 수 있도록 어좌를 중앙에 두고 지은 법전이 각 궁궐마다 있다.

인정전은 창덕궁의 법전으로 궁궐 외전의 중심이 된다. 외전은 보통 내전의 남쪽에 있어 중요한 전각들을 주축으로 등진 방향에서 정면으로 바라보이게 하는데, 창덕궁은 경복궁에서와 같은 규범에서 벗어났다. 이궁이란 점을 강조하면서 지형에 따라 적절히 배설하는 방도를 강구한 것이다. 건물형태는 누각 앞에 세워 놓은 섬돌 위에 중층으로 세워진 집인데, 들어가 보면 아래 위층이 트여 있다. 20칸 크기의 전각으로 조선조 말기의 양식을 보여준다. 전각 안에는 천장 중앙에 봉황 한 쌍이 장식되어 있고, 북측 중앙에 장엄한 용상(어좌)이 설치되어 있다.

선정전

보통 때 임금이 신료들과 만나 정사를 의논하는 곳을 '편전'이라 부르는데, 이 궁궐이 창덕궁의 편전이다. 건물 중앙에 임금이 일월오악병 병풍을 배경으로 앉고, 그 앞에 대소 신료들이 지위에 따라 동서로 벌려 앉았다. 동쪽엔 문관이, 서쪽엔 무관들이 자리 잡는다. 그리고 한쪽에 사관이 앉아 문답하는 내용을 속기하여 시정을 적어두는 글을 남기어 실록이 된다.

편전은 외전 중 하나이며 임금이 평상시에 한가롭게 거처할 수 있는 가까운 자리에 건립된다. 선정전은 아홉 칸밖에 안 되는 단층의 낮고 아담한 건물로 지붕에 푸른색 유약을 입힌 청기와를 이은 점이 특색이다. 창덕궁에서 유일하게 선정전만 청기와로 되어 있는데 푸른색 유약을 입힌 청기와가 비쌌기 때문이라고 한다. 선정의 뜻은 '백성을 편하게 하는 정치'를 말한다. 한때 선정전(보물 제814호)은 원래 왕의 공간이지만 경로잔치를 열기 위해 왕비가 사용한 일도 있다고 한다.

성종 때 공혜왕후 한씨가 노인을 공경하는 풍습을 권장하기 위해 80세 이상의 노인 전원을 대상으로 매년 9월 이곳에서 경로잔치를 했다고 한다. 이에 대신들은 왕비가 편전인 선정전을 사용하는 것은 잘못이라는 비판을 남기기도 했다.

파나소닉 G3 | F8 | 1/30s | ISO 400 | 노출보정 0
초점거리 20mm | TIME 10:16 | 창덕궁 선정전

파나소닉 G3 | F8 | 1/160s | ISO 200 | 노출보정 0
초점거리 182mm | TIME 17:58 | 창덕궁 선정전

희정당

왕비가 있는 대조전 남쪽에 있으며 임금이 사는 장소이다. 중앙의 정면 3칸, 측면 3칸을 통하게 하여 응접실로 사용하였고, 응접실의 서편은 같은 크기로 하여 회의실로 사용하였다. 고종은 경복궁이 완성되기까지는 여기에 머물렀고, 순종이 승하할 때 끝까지 여기에 있었다.

대한제국은 과거의 관습과 개화에 따른 신식문물을 절충시키는 시국에 있는 때라, 임금의 처소와 전각은 과거의 관습에 따르고 내부는 서양식으로 설치하는 방식을 반영하였다. 지금의 희정당(보물 제 815호)은 1917년 화재를 입어 소실되었던 것을 1920년에 경복궁 강녕전을 헐어다 중건한 것이다.

| 삼성 NX11 | F9 | 1/100s | ISO 200 | 노출보정 0 | 초점거리 27mm | TIME 09:41 | 창덕궁 희정당 |

희정당은 순조의 아들이며 헌종의 아버지인 효명세자가 승하한 곳이기도 하다. 외모와 총명함은 물론이고 개혁적인 모습까지 할아버지 정조를 빼닮았다고 하여 순조가 기대를 많이 했던 왕자이다.

몸이 약한 순조는 총명한 효명세자를 19세에 대리청정을 시켜 안동 김씨 세력과 맞서 참신한 인재를 등용하고 개혁정치를 펼치게 하였다. 그러나 개혁정치를 제대로 펼치지 못한 채 22세의 꽃다운 나이로 요절하고 말았으니, 정사를 돌본 지 겨우 3년 3개월 만이었다. 이 역시 정조의 죽음과 효명세자의 죽음으로 조선후기에 개혁정치는 사라지게 된다. 만약 두 분이 영조처럼 50년 이상을 왕권을 유지하며 개혁정치를 했으면 조선의 후기는 많이 달라졌을 것이다.

대조전

창덕궁의 곤전은 대조전(보물 제816호)으로 침전 여섯 중에 으뜸이다. 왕비의 침소인 곤전은 임금의 침소 희정정 바로 뒤에 위치하여 만들어졌다. 1917년 화재를 입어 희정당이 소실되어 경복궁의 임금 침전인 강녕전을 헐어다 희정당을 지을 때 왕비의 침전이던 교태전도 함께 옮겨다 대조전을 지었는데, 고스란히 옮긴 것이 아니라 창덕궁에 적합하도록 그 구조는 새롭게 하였다.

궁내의 다른 전각엔 지붕 가운데 부분에 있는 가장 높은 수평 마루인 용마루가 있으나, 왕비의 처소에는 용마루가 없다. 따라서 궁의 어디에서나 용마루 없는 지붕이 중궁전임은 쉽게 알 수 있다. 전각 중앙에 자그마한 월대가 설치되어 있는데, 이는 출입할 때 잠시 머물거나 하례 때 의식을 거행할 수 있도록 준비된 것이다. 이곳은 성종 · 인조 · 효종 · 현종 · 철종 · 순종 등이 승하한 곳이기도 하다.

| 파나소닉 LX7 | F1.4 | 1/80s | ISO 80 | 노출보정 0 | 초점거리 24mm | TIME 15:18 | 창덕궁 대조전 |

성정각(내의원)/ 관물헌

성정각(내의원)은 창덕궁 동궁에 딸린 전각으로 왕세자가 학문을 익히고 거주하던 곳이다. 일반 사대부 가옥처럼 건축되어져 있다. 성정각이 중심되는 건물로 거기에는 임금 받들기를 지극히 한다는 의미의 '보호성궁' '조화어약' 등의 편액을 높이 달아두었는데, 정조의 어필이다.

관물헌은 성정각 뒤편에 있는 정자로 정확한 건립연대는 알 수 없으나 정조 시기에 창덕궁을 수리하면서 건립된 것으로 추정되고 있다. 순조의 아들이며 익종으로 추존된 효명세자가 관물헌에 머물면서 공부를 하였다고 한다. 관물헌 현판 집희는 1864년(고종 즉위년 15세)에 적은 친필로 '집희(緝熙)'라는 뜻은 '계속하여 밝게 빛나라!'라는 뜻을 의미한다고 한다. 그리고 갑신정변 때

김옥균 등의 개화당이 고종을 이곳에 모시고 회의를 열었다.

한때 내의원으로 사용되기도 해서인지 현재는 성내각이 내의원으로 많이 알려져 있다. 전의들이 왕과 왕족의 치료를 위하여 머물던 일종의 궁중 의료기관으로 약방이라고도 부른다. 전의들은 외상을 입은 사람의 긴급조치를 비롯하여 비빈들이 산기가 있어 산실청이 차려지면 분만의 일을 맡아 다스리는 등 전공에 따라 각각 소임이 달랐다. 그중에는 여의관도 있어서 지체 높은 부인들의 치료를 담당하였다. 좋은 약재를 전국에서 구하고 부족한 것은 수입하여 증세에 따라 곧 지어서 대령할 수 있게 준비되어 있었고, 전의들은 주야로 대기하고 있었다. 지금은 마당가에 약재를 다루던 돌절구만 남아 있다.

| 파나소닉 G3 | F8 | 1/80s | ISO 160 | 노출보정 0 | 초점거리 29mm | TIME 09:54 | 창덕궁 성정각 |

어차고(빈청)

인정문을 나와 왼쪽을 바라보면 어차고가 나오는데 현재는 쉼터로 만들어 음료를 팔고 있다. 여기는 본래 대신과 비변사 당상관이 국왕을 만나기 위해 모이는 장소이고, 때로는 외국의 사신이 임금을 접견하기 위해 잠시 머무르는 곳이라고 한다. 『동궐도』에서는 '빈청'이라 하였고, 『궁궐지』에서는 '비궁당'이라 하였다. 순종이 창덕궁에 기거할 때 차고로 바뀌어 '빈청'이 '어차고'로 변하였다.

| 파나소닉 LX7 | F1.6 | 1/60s | ISO 80 | 노출보정 0 | 초점거리 24mm | TIME 14:49 | 창덕궁 어차고 |

낙선재

마지막 왕족이 거처하던 곳이다. 궁궐지에서는 창경궁에 속한 건물로 기록되고 있으나, 근래에는 창덕궁에서 들어가도록 되어 있는 건물로 창덕궁의 동남쪽에 창경궁과 가까이 자리에 있다. 『승정원일기』에 의하면 헌종 13년(1847년)에 건립된 것으로 국상을 당한 왕후와 후궁들이 거처하기 위하여 세워진 것으로 전하고 있다.

순조 28년(1828년)에 건립된 연경당보다 20년 뒤에 세워진 곳으로 그 구성의 법도와 양식의 보존 상태가 훌륭하며, 특히 지형과 환경에 따라 자유분방한 다양한 건축물을 보여주고 있는 점에서 중요한 가치를 지니고 있는 건물이다.

낙선재는 지체 높은 양반집을 보는 것 같은데, 1963년부터 1989년까지 마지막 이씨 왕족 후손 덕혜공주와 이방자 여사 등이 살았던 곳으로 지금은 아무도 살고 있지 않아 개방이 되어 있다.

낙석재 일원에는 왕의 서재 겸 사랑채였던 낙석재, 김재청의 딸 경빈 처소였던 석복헌, 대왕대비 순원왕후(23대 순조의 왕비)가 거처했던 수강재가 있었다.

여기서 헌종이 낙석재를 만든 설화가 전해지는데 헌종은 첫 번째 왕비 효헌왕후 김씨가 16세의 나이로 세상을 뜨자 이듬해 다시 왕비를 간택하게 되는데, 전례 없이 헌종이 직접 간택에 참여하였다. 간택에서 남은 세 사람 중 헌종은 경빈 김씨를 마음에 두었으나, 결정권은 대왕대비에게 있으므로 명헌왕후 홍씨가 계비로 간택된다. 헌종은 경빈 김씨를 못 잊어 3년 뒤 왕비가 있는데도 자식을 잉태할 가능성이 없다는 이유를 만들어 경빈 김씨를 후궁으로 맞이한다. 이후 후궁이 된 경빈 김씨는 헌종의 지극한 사랑으로 왕비와 다름없는 대접을 받았다고 한다. 낙석재 일원 석복헌은 이런 배경에서 탄생한 집이라고 전해진다.

낙석재 일원 낙석재, 석복헌, 수강재 집 뒤에는 각각 후원이 조성되어 있는데, 낙선재 뒤에는 육각형 정자인 평원루(현재는 상량정이라는 편액이 걸려 있음), 석복헌 뒤에는 한정당, 수강재 뒤에는 취운정이 남아 있다. 특히 건물과 후원 사이에는 작은 석축들을 계단식으로 쌓아 화초를 심었고, 그 사이사이에 세련된 굴뚝들을 배열하였는데, 궁궐의 소박함과 여인을 위한 특유의 공간, 아기자기함이 함께 어우러진 장소인 것 같다.

| 파나소닉 LX7 | F1.4 | 1/10s | ISO 80 | 노출보정 0 | 초점거리 24mm | TIME 15:01 | 창덕궁 낙선재 |

| 파나소닉 LX7 | F1.4 | 1/60s | ISO 80 | 노출보정 0 | 초점거리 24mm | TIME 15:10 | 창덕궁 낙선재 |

| 파나소닉 LX7 | F1.4 | 1/60s | ISO 80 | 노출보정 0 | 초점거리 24mm | TIME 15:16 | 창덕궁 낙선재 사모정 |

궐내각사

창덕궁 정문인 돈화문을 지나 금천교 옆 북쪽에 많은 건물들이 보이는데, 궁궐 내의 관리들이 근무하던 궐내각사이다. 궐내각사는 왕을 가까이서 보좌하던 직속관청이었다.

금천을 경계로 동편에는 약방, 옥당(홍문관), 예문관이 들어서 있어 인정전에 좀 더 가까이 있고 서편에는 내각(규장각), 검서청 등이 자리하고 있다. 현재 규장각, 검서청, 홍문관, 내의원 등이 대부분 일제 강점기 때 소멸되었다가 1991년부터 시작한 복원 공사가 2005년에 완료되어서 복원된 건물들로 일반인 관람이 안 되었는데, 창덕궁이 자유 관람으로 바뀌면서 궐내각사를 현재는 관람할 수 있다.

국왕을 보좌하는 직속관청을 궐내각사라고 하는데 정치를 보좌하는 홍문관, 학문과 서적 관리 및 출판을 담당하는 규장각/검서청, 왕실의 건강을 책임지는 내의원, 왕의 칙령과 교서를 보관하는 예문관 등이 있는 관청으로 가운데에 흐르는 금천을 경계로 건축하여 여러 관청이 밀집되면서 미로와 같이 복잡해졌다.

| 궐내각사 정면 | 파나소닉 LX7 | F1.4 | 1/30s | ISO 80 | 노출보정 0 | 초점거리 24mm | TIME 15:53 | 창덕궁 궐내각사 |

51

• **규장각**

규장각 | 파나소닉 LX7 | F1.4 | 1/100s | ISO 80 | 노출보정 0
초점거리 24mm | TIME 14:19 | 창덕궁 궐내각사 |

규장각 뒤 | 파나소닉 G3 | F4 | 1/100s | ISO 160 | 노출보정 0
초점거리 28mm | TIME 17:00 | 창덕궁 궐내각사 |

• **검서청**

검서청 내부 | 파나소닉 G3 | F8 | 1/160s | ISO 200 | 노출보정 0
초점거리 30mm | TIME 17:00 | 창덕궁 궐내각사 |

파나소닉 G3 | F10 | 1/60s | ISO 200 | 노출보정 0
초점거리 14mm | TIME 17:15 | 창덕궁 궐내각사 |

- ### 홍문관

궐내각사 홍문관 | 파나소닉 LX7 | F1.4 | 1/30s | ISO 80 | 노출보정 0
초점거리 24mm | TIME 14:29 | 창덕궁 궐내각사 |

- ### 내의원(약방)

억석류. '억석'은 옛날을 생각한다는
뜻으로 약을 최초로 만든 고대 중국의
신농 씨를 생각한다는 의미다.

궐내각사 약방 | 파나소닉 LX7 | F1.4 | 1/40s | ISO 80 | 노출보정 0
초점거리 24mm | TIME 14:32 | 창덕궁 궐내각사 |

내의원 관청 | 파나소닉 LX7 | F1.4 | 1/40s | ISO 80 | 노출보정 0
초점거리 24mm | TIME 14:41 | 창덕궁 내의원 소속 관청 |

| 궐내각사 예문관 | 파나소닉 LX7 | F1.4 | 1/60s | ISO 125 | 노출보정 0
| 초점거리 24mm | TIME 14:34 | 창덕궁 궐내각사 |

| 궐내각사 예문관 출입문 | 파나소닉 LX7 | F1.4 | 1/40s | ISO 80 | 노출보정 0
| 초점거리 24mm | TIME 14:32 | 창덕궁 궐내각사 |

03 궐내각사 금천

| 삼성 NX11 | F11 | 1/100s | ISO 200 | 노출보정 0
| 초점거리 27mm | TIME 17:50 | 창덕궁 궐내각사 금천 |

| 삼성 NX11 | F8 | 1/80s | ISO 200 | 노출보정 0
| 초점거리 84mm | TIME 17:18 | 창덕궁 궐내각사 금천 |

선원전

예문관 뒤편에 있는 선원전은 역대 조선왕의 초상화인 어진을 모시고 제사를 모시던 곳인데, 일제 강점기 1921년에 새 선원전을 후원 깊숙한 곳으로 옮겨 선원전은 빈 곳이 되고 부속건물은 2005년에 복원되었다. 선정전 좌우로 진설청과 내찰당이 있고 재실이 양지당을 앞쪽으로 배치해 제사의 례로 사용했다. 선원전 뒤편에 있는 의풍각은 제사용 그릇과 도구를 보관하는 창고로 사용되었다.

회화나무

회화나무는 궁궐 안에 심는 대표적인 나무이다. 궁궐 문 바로 안쪽에 회화나무를 심어 놓고, 나무 아래에서 관리가 업무를 보아서 그 이후 회화나무는 학자를 상징하는 나무가 되어 서원이나 사대부의 집에서 주로 볼 수 있게 되었다. 창덕궁의 회화나무는 천연기념물로 지정되어 있다.

| 삼성 NX200 | F8 | 1/100s | ISO 200 | 노출보정 0 | 초점거리 27mm | TIME 17:19 | 창덕궁 회화나무 |

| 삼성 NX200 | F8 | 1/250s | ISO 200 | 노출보정 0 | 초점거리 54mm | TIME 17:04 | 창덕궁 회화나무 |

조선왕조의 비밀정원, 창덕궁 후원

한때 비원이라고 불렸던 창덕궁 후원, 필자가 초등학교 시절 소풍을 갈 때(1960년 대) '창덕궁'이
아니라 '비원'으로 소풍 간다고 했던 것으로 기억한다.

당시만 해도 일제 강점기의 잔재가 많이 남아 비원이란 명칭을 사용했던 것 같다. 창덕궁 후원은
역사자료에 의하면 특별히 붙여진 고유한 이름이 없었다. 구한말에 궁내부 관제를 개정하면서 후
원을 관리하는 관청으로 비원을 두었는데, 1903년부터 '비원'이라는 명칭이 기록에 등장한 것 같
다. 비원이란 명칭이 일반인에게 익숙해진 것은 일반이 들어가지 못했던 이곳을 일반인에게 공개
하면서부터일 것이다.

| 창덕궁 후원 |

창덕궁은 임금과 신하들이 모여 정사를 보았던 외전(인정전, 선정전)과 왕과 왕비, 왕세자의 생활 공간인 내전(희정당, 대조전, 성정각) 그리고 휴식공간인 후원(비원)으로 나뉜다.

창경궁 후원은 우리나라 조상들이 얼마나 자연과 조화를 이루도록 정원을 잘 조성했는지 보여준다. 160여 종의 나무들과 함께 울창한 숲을 이루고 있고, 300년이 넘는 오래된 나무들도 있어 촬영하며 거닐 때 서울에 있다는 느낌을 잠시 잊게 해준다.

그래서인지 창덕궁 후원은 관람하기 위해서 별도의 요금 5,000원을 지불해야 하고, 자유 관람이 아닌 안내인을 따라다니는 예약제 관람이어서 사진촬영하며 관람하기가 벅찬 느낌이 있다. 후원 입구에서 후원관람표를 주고 안내인을 따라나서면 창덕궁과 창경궁 사이를 걷는데, 궁에 비해서 좁은 골목을 걷는 듯한 느낌이 들지만, 양옆에 나무숲이 그늘을 만들어주어 이곳을 걸으면 나도 모르게 사색에 빠지게 한다. 임금도 정사에 지쳐 후원을 찾을 때 필자와 같이 사색에 빠져 잠시나마 정사를 잊었을 것이다. 이곳 자그마한 언덕을 넘어가면 부영지와 주합루가 눈앞에 펼쳐진다.

창덕궁 후원을 다루다 보니 정종과 효현세자(익종)이 중요한 부분을 차지하는 것 같다. 정종은 주합루 규장각을 만들었고, 효현세자는 순조 대신 대리청정을 할 때 연경당을 만들었다. 이는 후원 탐방코스 중 필수인데, 정종과 효현세자는 세도정치를 타파하고 왕권을 강화하려 했으나, 둘 다 일화에 의하면 죽음에 의문을 품게 한다. 당시 왕과 신하의 세력 다툼이 얼마나 치열했는지 보여주는 예다.

안내인의 설명을 들으며 관람하였다. 촬영하기는 부용지와 주합루, 애련지와 의두합, 연경당, 존덕정과 폄우사, 옥류천 일원으로 크게 5곳으로 나눌 수 있다.

부용지와 주합루

이곳은 후원에 들어서 언덕을 넘어서면 만나게 되는 첫 번째 공간으로, 휴식뿐 아니라 학문과 교육을 하던 일반 신하에게 비교적 공개된 장소였던 것 같다.

사각형 연못인 부용지를 중심으로 여러 건물이 있는데, 주합루 일원의 규장각과 서향각 등이 왕실 도서관 용도로 쓰였고, 영화당은 왕이 직접 참석하여 특별한 과거시험을 치르기도 했던 장소여서 넓은 춘당대가 있다. 영화당 동쪽에는 춘당대가 있고, 서쪽에는 부용지를 마주하며 앞뒤에 툇마루가 있는 특이한 건물이다.

이곳을 감상하다 보면 휴식을 위한 부용정은 연못에 발을 담그고 있는 형상으로 보인다. 행사가 치러지던 영화당은 연못에 접해 있고, 학문을 연마하던 주합루는 높은 곳에서 부용지를 내려다보고 있다. 이곳에 있는 건물도 각각이 특색 있고 아름답지만, 부용지라는 연못과 어우러져 더욱 절묘한 경관이 되는 것이다. 이곳은 각도에 따라 사진이 달라져 필자는 이곳에서 한참을 머물며 감상하고 여러 각도에서 촬영을 한다.

01 부용지

부용지는 장방형 연못으로 못 가운데에는 직경 9m의 원형섬이 조성되어 있다. 원래 이곳에는 숙종 때부터 연못이 있었으며, 1707년 지금의 부용정 터에 택수제가 건립되었던 것을 1792년에 정조가 택수제를 헐고 부용정을 개건한 것이다.

부용지에는 북쪽의 주합루, 동쪽의 영화당, 남쪽의 부용정이 있다. 주합루, 영화당, 부용정에서 바라보는 부용지는 서로 다르게 보이는데 수면에 오색 아롱진 그림자가 생기면서 한 폭의 아름다운 수묵화가 만들어진다. 부용지 연못의 물은 지하에서 솟아오르며, 비가 올 때는 서쪽 계곡의 물이 용두의 입을 통하여 입수하게 되어 있다. 못 속에는 잉어나 붕어 등의 물고기를 길러 임금이 낚시나 뱃놀이를 했던 곳이다. 그리고 부영지의 중앙엔 섬을 만들고 잘생긴 소나무를 심었다. 연못에 섬이 있어야 재물과 복을 누린다는 설에 따른 것이다.

| 파나소닉 G3 | F8 | 1/320s | ISO 200 | 노출보정 0 | 초점거리 18mm | TIME 16:20 | 창덕궁 부용지 |

부용지 입구에서 내려다보면 주합루
와 영화당이 보인다.

| 파나소닉 G3 | F8 | 1/250s | ISO 160 | 노출보정 0 | 초점거리 14mm | TIME 13:20 | 창덕궁 부용지 |

영화당에서 내려다보는 부영지에 단풍과 눈이
쌓인 것을 보고 있노라면 절경이 따로 없다.

| 파나소닉 G3 | F8 | 1/120s | ISO 200 | 노출보정 0 | 초점거리 28mm | TIME 15:50 | 창덕궁 부용지 |

영화당에서 과거를 보고 급제를 하면 주합루에 올라가 왕실도서관의 수만 권의 서책을 읽으면서 능력을 함양하게 되는데, 그때 급제한 이들에게 주연을 베풀어 축하해 주는 자리가 부용정이다. 평상시에는 정조가 신하들과 연못에서 낚시를 즐겼다고 한다.

부용정의 평면은 亞 자형이면서 변화를 주어서 작은 건물이지만 그 구성이 복잡해 보인다. 한쪽의 두 다리를 연못 속에 담그고 섰다. 연꽃에서 아름답게 피어난 한 송이 꽃과 같은 정자를 꾸민 것이다. 정조 때 개건했는데, 구조로 보아 특이한 정자이다. 동쪽에 열린 문을 열고 들어서면 불발기창이 달린 창과 외짝의 문이 있다. 그 안에 들어서면 단문이다. 필요할 때 문짝을 열어 걸면 온 천지가 한꺼번에 정자 안으로 달려드는 듯하다.

| 삼성 NX11 | F8 | 1/40s | ISO 200 | 노출보정 0
| 초점거리 27mm | TIME 17:19 | 창덕궁 부용정 |

| 삼성 NX11 | F8 | 1/80s | ISO 200 | 노출보정 0
| 초점거리 27mm | TIME 16:34 | 창덕궁 부용정 |

• 사정기비각

부용정 바로 옆에 있는 비각이다. 세조 시절 4곳의 우물이 발견되어 이를 기념하기 위해 술정각을
지었는데, 임진왜란을 거치면서 훼손되어 숙종16년에 술정각 자리에 비와 비각을 다시 만들어 사
정기비각이 되었다.

조선시대에는 옛 제도에 따라 국가의 기둥이 될 만한 인물 뽑는 일을 과거제도에 의존하였다. 공개시험으로 우수한 인재를 발탁하는 방법으로 지방에서 초시에 합격한 사람들만 골라 임금이 친히 참석한 자리에서 시험을 치게 하였다.

영화당은 임금이 친히 참석한 자리에서 과거를 보는 장소였다. 평상시에는 임금이 신하들과 꽃구경을 하고 시를 지으며 놀던 곳이다. 정조 때부터 이곳을 과거장으로 사용하여, 영화당에는 시관이, 그 앞 춘당대에는 응시자들이 자리 잡고 과거를 보았다.

| 삼성 NX11 | F8 | 1/50s | ISO 200 | 노출보정 0
| 초점거리 27mm | TIME 16:33 | 창덕궁 영화당 |

| 삼성 NX11 | F8 | 1/80s | ISO 400 | 노출보정 0
| 초점거리 27mm | TIME 08:24 | 창덕궁 영화당 |

정조 시절에 주합루가 완성되어 2층은 주합루, 1층은 규장각이라 이름을 지었는데, 주합은 '우주가 하나가 된다'는 뜻이고, 규장은 '문장을 담당하는 별이 빛나는 집'을 뜻한다고 한다. 정조 자신이 박식하여 많은 저술을 하였을 뿐만 아니라 중요한 서책들이 이곳에서 많이 출판되었다고 한다. 그리고 나라에 진출할 인재들을 육성시키고, 또한 주합루 주변을 아름답게 가꾸어서 영화당에서 과거급제를 통해 인재 양성에 부족함이 없도록 하였다고 한다. 이것을 보면 정조는 이 시대나 지금이나 우리에게 필요한 리더인 것 같다.

| 삼성 NX200 | F8 | 1/1000s | ISO 200 | 노출보정 0
| 초점거리 27mm | TIME 09:28 | 창덕궁 주합루

| 파나소닉 G3 | F8 | 1/30s | ISO 400 | 노출보정 0
| 초점거리 14mm | TIME 08:33 | 창덕궁 주합루

어수문은 임금이 다니는 문이며, 양옆의 작은 문들은 신하들이 다니는 문으로 정조 때 지어진 것인데, 백성을 위해 혁신했던 왕으로 정조 역시 어수문과 양쪽의 작은 문을 보았을 때 이때의 신분 격차를 보게 해주는 것 같았다.

어수문은 임금과 신하의 관계를 물과 물고기에 비교하여 물고기가 물을 떠나서 살 수 없듯이 신하들도 임금 안에서 살 수 있다는 의미로 정조의 왕권강화 의지를 엿볼 수 있다.

| 삼성 NX200 | F8 | 1/100s | ISO 200 | 노출보정 0 |
| 초점거리 27mm | TIME 08:31 | 창덕궁 주합루 |

- **주합루 취병**

취병은 대나무를 이은 울타리라는 뜻이다. 기존의 차가운 돌담장을 탈피하고 전통적인 조경방법으로 친자연적인 담장을 만들었다. 이곳을 지나다니며 근무하는 신하를 자연과 접하게 해줌으로써 마음을 편안하게 해준 것 같다.

삼성 NX200 | F8 | 1/400s | ISO 200 | 노출보정 0 | 초점거리 84mm | TIME 09:29 | 창덕궁 주합루 취병 |

- **주합루 주변 별채**

서향각

일반인에게는 공개되지 않는 곳으로 촬영허가를 받아 어수문 안쪽을 촬영할 수 있었다. 어수문을 통과하여 계단을 올라가면 주합루가 보이고, 주합루의 서쪽에는 책 향기가 나는 서향각이 있다. 역대 임금의 글씨와 책 등을 보관하고 관리한 곳으로 한때 양잠소로 소개되었던 적이 있다.

희우정

북쪽으로 작은 정자 희우정과 천석정이 두 채가 있다. 희우정은 서향각 북쪽 뒤편에 있는 정자로 단청을 하지 않고 소박하고 아담한 모습으로 1690년 숙종 16년에 가뭄이 들어 기우제를 하는데, 그날 비가 내리는 것을 기뻐하며 이름을 희우정으로 만들었다고 한다.

천석정

주합루와 인접해 있는 천석정은 주변의 자연과 잘 어울리게 단청을 하지 않고 기역자로 건축되어 있어서 소박한 분위기를 보여주고 있다. 그래서인지 개인별장 같은 느낌이 들었다. 기록에 의하면 신하들이 책을 읽고 효명세자가 학문을 연마했다고 한다.

애련지와 의두합

숙종 18년(1692년)에 연못 한가운데 섬을 쌓고 정자를 지었다고 하는데, 지금 그 섬은 없어지고 연못 북쪽 끝에 걸쳐 있는 애련정만 남아 있다. 연꽃을 좋아했던 숙종은 이 정자에 '애련'이라고 이름을 붙여 연못이 '애련지'라고 불리게 되었다고 한다. 숙종은 '내 연꽃을 사랑함은 더러운 곳에 처하여도 맑고 깨끗하여 은연히 군자의 덕을 지녔기 때문이다'라고 새 정자의 이름을 지은 까닭을 알렸다고 한다.

애련지 서쪽 연경당 사이에 또 하나의 연못이 있는데, 원래 이곳에 '어수당'이라는 건물이 있었다고 한다. 지금은 없어진 어수당에 관한 일화가 있는데 1623년 인조반정 당시 광해군의 비 유씨가 반정의 낌새를 알아차리고 궁녀들과 함께 어수당에 숨어 있었다고 한다.

그런데 이틀이 지나도록 밖에서 아무런 기척이 없자 이틀을 굶어 배가 허기진 유씨는 같이 있는 궁녀 보향이를 어수당에서 내보낸다. 궁녀 보향이는 반군 대장을 만나 "이 일이 의거라고 하면서 어찌 전왕의 비를 굶겨 죽이려 하오?"라고 하자, 반군 대장이 인조에게 보고하여 광해군의 비 유씨를 처벌하지 않고 음식을 차려 주었다고 전해진다.

01 애련지

주합루 후원으로 언덕 아래로 내려가는 층층다리를 딛고 서면 건너편에 연못이 있는데, 그 북쪽에 단문의 정자가 애련정이다. 애련정에 앉으면 난간 위로 장식한 기둥이 마치 액자 같아서 앉아서 내다보는 경치가 한 폭의 그림처럼 보이게 한다. 애련정에서 계절 따라 변하는 기막힌 경관을 여기에서 즐길 수 있다. 연못물에 담겨 있는 석조는 아주 단조로우나 재치가 넘치는 것 같다.

애련지의 뜻은 '연꽃이 피는 연못'인데 과거에는 연꽃이 있었는데 현재는 연꽃이 보이지가 않아 약간 아쉬움은 있으나, 단풍이 지는 주변 애련지는 붉은 물감을 풀어 놓은 듯한 경관을 만들어주어 감상하며 사진을 촬영하기에 좋다.

애련정에서 바라본 풍경
| 삼성 NX200 | F9 | 1/100s | ISO 200 | 노출보정 0 | 초점거리 27mm | TIME 08:38 | 창덕궁 애련지 |

영화당에서 북쪽 숲길을 걷다보면 1827년 순조 27년에 지은 금마문이 나오는데, 금마의 뜻은 '왕세자'이다. 금마문 안에 있는 건물 두 채는 왕세자가 학문을 연마하고 책과 악기를 보관했던 장소였다.

| 삼성 NX200 | F8 | 1/30s | ISO 200 | 노출보정 0 | 초점거리 27mm | TIME 15:36 | 창덕궁 금마문 |

| 기오현(운경거) | 삼성 NX200 | F8 | 1/60s | ISO 200 | 노출보정 0 | 초점거리 27mm | TIME 08:46 | 창덕궁 운경거 |

| 기오현(의두합) | 삼성 NX200 | F8 | 1/50s | ISO 200 | 노출보정 0 | 초점거리 27mm | TIME 16:36 | 창덕궁 의두합 |

순조 때 왕세자(효명세자)의 학문을 위해 지어진 건물치고는 단청도 없고 특별한 장식도 없다. 너무 소박해서 궁 일반 민가의 모습이 보여 의아할 정도였다. 정조의 아들 순조는 뚜렷한 업적은 없으나, 아들 효명세자가 문학과 예능이 뛰어나 자연을 벗 삼도록 북쪽에 애련지가 보이는 곳 남쪽으로 주합루 규장각을 가까이 하였다. 책을 읽을 수 있는 소박한 건물 의두합과 궁궐에서 가장 규모가 작은 1칸 반짜리 건물로 운경거를 만들어주어 책과 악기를 수시로 보관하고 사용할 수 있도록 순조가 자식에 대한 배려를 한 것 같다.

의두합 일대를 거닐다 보면 남쪽으로 주합루가 있고, 북쪽으로 존덕정, 폄우사, 관람정, 옥류천이 있어 학문과 풍류를 즐길 수 있는 가운데에 위치해 있다.

| 장수문 | 삼성 NX200 | F8 | 1/100s | ISO 200
| 노출보정 0 | 초점거리 27mm | TIME 08:46 | 창덕궁 불로문 |

왕의 장수를 소원하기 위해 만들어진 문으로 창덕궁 금호문 옆에 세워진 돌문이 있는데 현재는
문짝이 없지만, 원래는 나무문짝이 있었던 것으로 전해진다. 이 문을 지나가는 사람은 무병장수한
다고 전해지는데 왕은 수없이 지나다녔을 텐데 장수한 왕이 거의 없어서 신빙성은 없는 것 같다.

이곳은 단풍 지는 가을에 가면 궁궐에 있다는 느낌보다는 깊은 산속에 커다란 사대부집이 있어 이곳에 기거하고 싶은 마음이 생긴다. 그만큼 정감을 주는 연경당이다.

01 연경당

순조 28년 당시의 사대부집을 모방하여 창덕궁 안에 지은 유일한 민가형식의 건물로, 사랑채의 당호가 연경당(궁궐 속의 사가)이다. 사랑채에는 안채가 이어져 있고 사방에 행각들이 설비되어 있다. 당시 사대부 주택을 잘 보여주며 한국 주택사나 생활사 등 여러 측면에서 귀중한 자료가 되고 있다. 섬돌 아래 세벌대 댓돌이 있고, 그 앞에 초헌이나 말을 타고 내릴 때 딛는 노둣돌이 있다. 불로문을 지나가면 애련지보다 작은 연못이 보이는데 이곳을 지나가면 한적하고 나무 사이에 둘러싸인 연경당이 보인다. 이곳은 후원에서 제일 끝자락에 있는 건물로 정막이 흐르듯 고요했다. 효명세자가 대리청정 하던 시절 병약해진 부친(순조)을 위해 가장 구석진 곳에 연경당을 만든 이유를 알 것 같다. 그래서인지 궁궐 전각과 달리 사대부집과 유사한 형태로 지어져 궁궐의 웅장함보다는 한옥의 단아함을 볼 수가 있었다.

사대부집은 99칸 이하로 제한되어 있는데, 궁궐 안에 있는 관계로 사대부집을 모방하면서 120여 칸을 지어 차별한 것 같다. 우리나라에서 가장 큰 한옥을 보고 싶으면 연경당을 찾아가면 된다.

| 선향재 | 삼성 NX200 | F9 | 1/80s | ISO 200 | 노출보정 0 | 초점거리 27mm | TIME 08:40 | 창덕궁 연경당 입구 연못

장락문은 연경당의 정문으로 달에 있다는 신선
의 궁궐인 '장락궁'에서 따왔다고 한다.

| 연경당 선향재 입구 | 삼성 NX200 | F8 | 1/100s | ISO 200 | 노출보정 0
| 초점거리 27mm | TIME 08:42 | 창덕궁 연경당 |

연경당은 단청을 생략하고, 남녀의 공간을 나누어 사랑채와 안채로 구분하였다. 연경당 앞으로 흐르는 개천을 건너면 정문인 장락문이 보이는데 장락문은 '신선처럼 아무 걱정과 근심 없는 세상에서 살고 싶다'라는 염원을 담았다고 한다. 왕들은 화려하고 큰집에서 살았지만 항상 근심 걱정을 하면서 살았던 것 같다.

지금의 연경당 모습과 동궐도에 기록된 당시의 연경당에는 축화관, 개금재, 운회헌 등의 건물이 있었다. 고종시대에 새로 지은 것으로 추정되는 선향재와 농수정 등의 부속 건물이 있다.

순조의 휴식처로 만들어진 연경당은 그때의 취지와 달리 고종과 순종시대에 외국사신의 연회 공간으로 자주 활용되었다고 한다. 1895년 고종은 연경당의 넓은 앞뜰에서 내외 귀빈들에게 연회를 열었고, 1908년 순종은 연경당에서 일본 측 주요 인사들을 접견하고 연회를 열었었다. 이때부터 후원이 타인에게 개방이 되고 조선이 쇠퇴의 길로 간 것 같다.

1917년 어느 누군가에 의해 창덕궁의 내전인 대조전이 화재가 났는데 이때 임금인 순종과 순정황후는 거처할 곳이 없어 잠시 연경당에서 거처하기도 하였다고 한다.

02 선향재

선향재는 독서와 서고를 겸한 건물이다. 특히 이 집은 서향이라 여름철이면 석양의 뙤약볕이 따가우므로 건물 바깥을 굴곡지게 만들어 햇빛을 가리도록 했는데, 기름 바른 차양막을 만들어 비가 들이쳐도 방수가 되게 하고 고리에 걸린 끈으로 잡아당겨 개폐하도록 마련하였다. 또 사랑채 지붕에는 청동판을 박아서 비바람에 견디게 하였다.

| 선향재 |

선향재는 서재와 응접실 역할을 한 건물로 벽돌로 쌓아 지은 것이 특징이다. 한가운데에 넓은 대청을 두고 양쪽에는 온돌방, 지붕 위는 햇볕을 막는 차양이 설치되어 있는데, 선향재가 서향이어서 오후에 햇볕이 내부로 깊숙이 들어와 대청에 그늘이 지게 하고 서재의 책이 변색하는 것을 막기 위한 것 같았다.

삼성 NX200 ┃ F9 ┃ 1/80s ┃ ISO 400 ┃ 노출보정 0
┃ 초점거리 44mm ┃ TIME 08:46 ┃ 창덕궁 선향재 ┃

삼성 NX200 ┃ F9 ┃ 1/60s ┃ ISO 800 ┃ 노출보정 0
┃ 초점거리 33mm ┃ TIME 08:45 ┃ 창덕궁 선향재 내부 ┃

파나소닉 G3 ┃ F8 ┃ 1/60s ┃ ISO 400 ┃ 노출보정 0
┃ 초점거리 14mm ┃ TIME 09:09 ┃ 창덕궁 선향재 내부 ┃

| 파나소닉 G3 | F8 | 1/200s | ISO 160 | 노출보정 0 | 초점거리 14mm | TIME 13:42 | 창덕궁 선향재 농수정 |

존덕정과 폄우사

애련지에서 비탈길을 따라 올라가보면 후원에서도 깊숙한 곳 우거진 숲속에 조그마한 연못 관람지와 존덕정, 폄우사, 관람정, 승재정 4개의 정자가 보인다. 이곳부터 사람이 기거하는 장소가 없고 정자만 있는데 왕들이 쉬면서 풍류를 즐기던 곳 같다. 드넓고 잘 꾸며진 정원에서 풍류를 즐겼던 왕들이 부러웠는데, 어느 한편으로는 창덕궁 안에 드넓은 정원을 벗어나지 못하고 갇혀있다는 느낌이 들 때 부러움보다 불쌍하다는 느낌이 든다. 필자는 왕처럼 가진 것은 없지만, 내가 어디론가 떠나고 싶을 때 자유롭게 카메라 가방을 메고 떠나는 것이 더 좋은 것 같다.

01 존덕정

| 파나소닉 G3 | F8 | 1/200s | ISO 160 | 노출보정 0 | 초점거리 14mm | TIME 09:02 | 창덕궁 존덕정 |

관람정 가까운 곳에 돌다리를 건너면 겹지붕 정자가 존덕정인데 육면 지붕을 하고 있어 '육우정, 육면정'이라고도 불리기도 했다. 선조 때 세워진 것으로 추정되는데 임진왜란 때 소실되었다가 인

조 22년(1644년)에 재건축되어 4개의 정자 중에서 가장 오래된 정자이며 후원 정자 중에서 가장 화려한 건물 천장에는 청룡과 황룡의 쌍룡이 그려져 있다.

존덕정이 보다 유명해진 것은 정조가 이 정자에 '만천명월주인옹(달은 하나뿐이고 물의 종류는 일만 개나 되지만, 물이 달빛을 받을 경우 앞 시내에도 달이요, 뒷시내에도 달이어서 달과 시내의 수가 같게 되므로 시냇물이 일만 개면 달 역시 일만 개가 된다. 그러나 하늘에 있는 달은 물론 하나뿐인 것이다)'라고 새겨진 게판 때문이었다.

정조는 왕권을 강화하고 백성을 사랑하겠다는 마음으로 만 개의 개울에 만 개의 달이 비치지만 달은 오직 하늘에 떠 있는 달을 의미하는 것은 왕인 정조 자신뿐이라는 의미를 담고 있다. 모든 백성을 골고루 사랑하는 초월적인 군주의 마음이 담겨 있다.

02 폄우사

| 존덕정과 폄우사 | 삼성 NX200 | F8 | 1/100s | ISO 200 | 노출보정 0 | 초점거리 27mm | TIME 08:53 | 창덕궁 폄우사 |

존덕정 서편으로 가면 폄우사가 나오는데 마루와 방이 있어 왕이 후원을 돌다 힘들면 잠시 쉬면서 새참을 먹었던 곳 같다. 폄우란 '어리석은 자에게 침을 놓는다'는 뜻으로 '항상 자신을 돌아보며 어리석음을 깨닫고 덕을 쌓으라'는 말로 작은 정자에도 의미를 담고 있다.

관람정 맞은편 언덕에 관람지 주변을 넓게 관람할 수 있는 승재정이라고 하는 작은 정자가 있는데, 네모반듯한 사모정과 주변에 툇마루가 있어 이곳에서 보면 빼어난 경치를 사방에서 볼 수 있다. 승재정의 건축은 대한제국 말이나 일제 초에 건립된 것으로 추정된다.

04 관람정

관람지라 불리는 연못가에 있는 이 정자는 그 평면이 합죽선을 펼친 모양으로 마루틀이나 지붕틀에서도 평면형태에 따라 곡재를 사용한 우리나라에서 유일한 형태의 건물이다. 이 정자는 언제 창건되었는지 알 수 없으나 대한제국 말이나 일제 초에 건립된 것으로 추정된다. 반도지의 모양도 19세기 전기에 그린 것으로 추정되는 동궐도에는 없는 것으로 보아 역시 많은 변모가 있었던 것으로 보인다.

관람지는 한반도를 닮았다 하여 반도지라 불렸는데 지금은 관람지로 통용되고 있으며, 부채꼴모양의 정자는 관람정이라고 한다.

옥류천 일원

조선시대 왕실의 풍류와 멋을 상징하는 공간이 되었던 옥과 같이 맑은 물 옥류천. 이곳은 창덕궁 후원 속에서 가장 깊은 곳에 시냇물이 흐르는 동산으로 1636년 인조가 옥류천을 조성하였다. 옥류천 주변에는 청의정, 소요정, 태극정, 농산정, 취한정을 적절히 배치해 판석 등으로 간결하게 놓고 어정 옆의 자연 암석인 소요암을 ㄴ형태로 파서 곡수구와 폭포를 만들고 암벽에 시문을 새기기도 했다. 이곳은 삼복의 더위에도 물이 차고 숲이 짙어 냉기를 느끼게 하는 공간이다. 주위의 숲은 심산계곡을 연상시킨다.

이 소요암 골짜기에 흐르는 물을 파고 폭포를 만든 것은 1636년 인조 때이다. '옥류천'이란 각자는 인조의 글씨이고, '飛流三百尺 遙落九天來 看是白虹起 翻成萬壑雷'의 오언시는 1690년 숙종의 시를 새긴 것이다. 이 시를 풀어보면 '흐르는 물은 삼백 척 멀리 날고, 흘러 떨어지는 물은 높은 하늘에서 내리며 이를 보니 흰 무지개가 일고 온 골짜기에 천둥과 번개를 이룬다'는 뜻이다.

| 옥류천 취한정 | 파나소닉 G3 | F8 | 1/125s | ISO 160 | 노출보정 0 | 초점거리 14mm | TIME 09:20 | 창덕궁 취한정 |

취한정은 옥류천 일대로 들어가는 입구에 있는 건물로 3칸짜리 소박한 정자로 중앙입구를 제외한 나머지에 난간을 만들었다. 숙종과 정종이 이곳에 와서 아름다운 경치에 반해서 시를 지어 남겼다고 전해진다.

숙종이 지은 시를 감상해보자.

날으듯이 삼백척을 흘러 [飛流三百尺]

멀리 하늘에서 떨어진다 [遙落九天來]

보고 있으니 흰 무지개 일어나 [看是白虹起]

온 골짜기어 천둥 번개를 친다 [飜成萬壑雷]

소요암 앞에 새겨 있는 '옥류천' 글자는 인조의 글씨이고, 옥류천 글씨 위에는 옥류천의 아름다움
을 알리는 숙종의 오언절구시가 새겨져 있다.

| 삼성 NX200 | F8 | 1/60s | ISO 400 | 노출보정 0
| 초점거리 84mm | TIME 09:05 | 창덕궁 소요암

| 삼성 NX200 | F8 | 1/100s | ISO 400 | 노출보정 0
| 초점거리 45mm | TIME 18:07 | 창덕궁 소요암

정조가 신하들과 옥류천에 폭포를 구경하며 지은 시도 있다.

백 줄기 푸른 샘물이 솟으니 [百道淸泉出]

증기가 낀 구름은 감히 날지 못하누나 [蒸雲不敢飛]

우연히 작은 모임 이루어 [偶然成小集]

늦은 서늘함을 나누어 보내노라 [分與晚涼歸]

창덕궁 후원에서 가장 경치가 뛰어난 옥류천은 역대 왕들이 자주 찾아 신하들과 술잔을 주고받으며 풍류의 멋을 즐기고 휴식을 취하는 대표적인 공간이었던 것 같다.

02 소요정

취한정을 지나가면 창덕궁 후원 가장 깊숙한 곳 옥류천 일대가 보이는데, 소요정을 끼고 주변에 소요암의 옥류천이 보인다. 전에는 '탄서정'이라 알려졌는데 임진왜란 때 소실되어 인조 14년 (1636년)에 재건하여 '소요정'으로 바뀌었다.

소요정은 '매우 아름다운 정자'라는 뜻으로 주변의 창의정, 태극정과 함께 '상림상정'이라 불렸다.

| 옥류천소요정 | 파나소닉 G3 | F8 | 1/100s | ISO 160 | 노출보정 0
| 초점거리 14mm | TIME 09:20 | 창덕궁 소요정 |

| 옥류천소요암 | 파나소닉 G3 | F8 | 1/60s | ISO 400 | 노출보정 0
| 초점거리 14mm | TIME 09:22 | 창덕궁 소요암 |

| 옥류천 우물 | 삼성 NX200 | F8 | 1/60s | ISO 400
| 노출보정 0 | 초점거리 51mm | TIME 18:05 | 창덕궁 소요암 |

| 옥류천 | 삼성 NX200 | F8 | 1/100s | ISO 400
| 노출보정 0 | 초점거리 45mm | TIME 18:07 | 창덕궁 소요암 |

소요정 옆에 커다란 바위와 그 주변을 감싸 도는 자그마한 폭포가 있는데 이것이 소요암과 옥류천이다.

이곳을 처음 방문하였을 때 창덕궁 후원이라고 하면 옥류천이 대명사여서 기대를 하고 옥류천에 가보니 생각보다 규모가 작아서 실망한 적이 있다. 그런데 자주 방문하다 보니 아기자기함과 정자의 적절한 배치에 규모가 작아도 자연과 잘 조화된 모습에 감탄을 한다.

04 태극정과 청의정

| 태극정, 청의정 | 파나소닉 G3 | F8 | 1/60s | ISO 200 | 노출보정 0 | 초점거리 14mm | TIME 09:22 | 창덕궁 옥류천 |

창덕궁 옥류천 지역에서도 가장 높은 곳에 옥류천 일대를 굽어보며 태극정과 청의정이라는 아름다운 정자가 있다.

태극정은 높은 기단 위에 자리 잡아 옥류천 일대를 한눈에 내려다 볼 수 있는 곳에 있으며, 정자의 모양과 형태가 아름답고 단청 또한 화려하다는 느낌을 갖게 한다.

청의정은 창덕궁에서 유일한 초가건물이기도 하는데 그 앞에는 서너 평 정도 되는 논이 있다. 청의정 앞에 있는 논은 임금님이 직접 벼를 베던 논이다. 백성의 생업이 농업이던 조선시대에 임금님이 직접 농사를 짓는 논이 있다는 상징적인 의미가 큰 것 같다. "보아라! 임금인 내가 친히 농사를 짓고 벼를 베고 있지 않느냐!"라며 백성들의 모범이 되고자 했던 임금님들의 의지와 깊은 뜻이 담긴 곳이 바로 청의정이다.

두 정자가 비교되는 이유는 청의정 지붕은 초가를 얹어 소박하게 만들었고, 태극정은 툇마루와 겹처마로 비교적 화려하게 꾸며져 있어 대조적인 매력 때문이다.

창덕궁 관람시간 및 요금

언어	시간	횟수	관람동선	소요시간	비고
한국어	09:30, 11:30 13:30, 15:30	5회	돈화문 – 인정전 – 선정전 – 희정당 – 대조전 – 성정각 – 낙선재	60분	※ **일반관람**은 자유롭게 관람할 수 있으며, 이 시간은 안내시간입니다.
영어	10:30, 14:30	2회			
일어	12:30	1회			
중국어	16:00	1회			

관람기간	매표 및 입장시간	관람시간
2~5월, 9~10월	09:00 ~ 17:00	09:00 ~ 18:00
6~8월	09:00 ~ 17:30	09:00 ~ 18:30
11~1월	09:00 ~ 16:30	09:00 ~ 17:30

※매주 월요일은 휴궁일

- 일반관람(자유관람): 대인 3,000원/ 소인 무료(만 18세 이하)
- 후원특별관람: 대인 5,000원/ 소인(7~18세) 2,500원
  (후원특별관람: 안내원의 안내에 따라 관람 가능)

조선의 왕과 왕비의 신주를 모신 종묘

제2장

갤러리

왜 종묘가 유네스코에 지정되었을까?

서울 종로구 훈정동에 있는 종묘는 다른 한국에 있는 유네스코 세계유산에 비하여 규모도 작고 화려하지도 않다. 그런데 왜 이곳이 유네스코 세계유산에 등재되었을까? 16세기 이래로 원형이 잘 보존되어 있고, 왕의 영혼을 기리는 유교적 사당이 전 세계적으로 거의 없어 '고대 문명 또는 문화적 전통에 관한 독특하고 탁월한 증거가 되는 유산'이라는 이유로 유네스코 세계유산으로 인정받은 것 같다.

중국의 주나라(기원전 8세기)에서 처음 종묘제도가 시작된 이후, 발전하여 규모가 큰 사당까지 있어 유네스코 세계유산에 등재되어질 법한데, 중국제왕의 유교적 사당이 빠진 이유가 종묘 해설가에 의하면 중국 공산주의 초기 문화혁명으로 인해 제왕의 유교 사당이 크게 손실되어 종묘제례의식이 소멸되었기 때문이라고 한다. 그래서 오히려 중국의 사학자들이 종묘를 방문하여 자료를 요청한다고 한다. 규모가 작고 화려하지 않는 종묘이지만, 제왕을 모신 유교적 사당이 귀중한 유산이 된 것이다.

종묘는 제왕을 기리는 유교사당의 표본으로서 16세기 이래로 원형이 보존되고 있으며, 세계적으로 독특한 건축양식을 지닌 의례공간이다. 종묘에서는 의례와 음악과 무용이 잘 조화된 전통의식과 행사가 이어지고 있다.

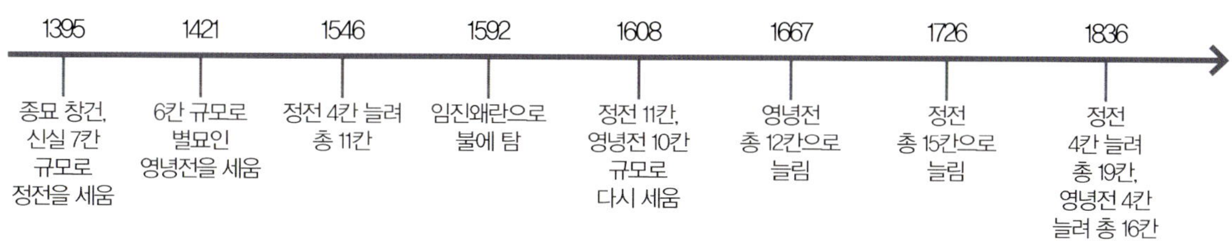

103

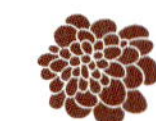

조선왕조의 뿌리

종묘란 무엇인가?

종묘는 조선왕조 역대 왕과 왕비 및 추존된 왕과 왕비의 신주를 모신 유교사당으로서 가장 정제되고 장엄한 건축물 중의 하나이다. 종묘는 태조 3년(1394년) 10월 조선왕조가 한양으로 도읍을 옮긴 그해 12월에 착공하여 이듬해 9월에 완공하였으며, 곧이어 개성으로부터 태조의 4대조인 목조, 익조, 도조, 환조의 신주를 모셨다.

왕의 관을 왕릉에 안치한 후에 신주를 받들어 궁으로 돌아와 혼전을 모시는데, 죽은 왕의 신주는 삼년상(三年喪)을 마친 후에 종묘로 옮기는 의례를 '부묘'라고 한다. 왕은 죽으면 삼년상이 끝나는 대로 왕의 신주를 종묘에 안치시키는데, 왕의 살아생전에 왕비가 상을 당할 경우에는 삼년상이 끝난 후에도 계속 전각에 신주를 모셨다가 왕의 삼년상이 끝나기를 기다려 종묘에 안치했다.

종묘의 특징

56,503평의 경내에는 종묘정전을 비롯하여 별묘인 영녕전과 전사청, 재실, 향대청 및 공신당, 칠사당 등의 건물이 있다. 정전은 처음에 태실 7칸, 좌우에 딸린 방이 2칸이었으나, 선조 25년(1592년) 임진왜란 때 불타버려 광해군 즉위년(1608년)에 다시 고쳐 짓고, 그 후 영조 헌종 때 증축하여 현재 태실이 19칸이다.

정전 뜰 앞에 있는 공신당에는 조선시대 공신 83위가 모셔져 있다. 조선시대에는 정전에서 매년 춘하추동과 음력으로 한 해의 마지막 달에 나라에서 지내는 큰 제사를 지냈고, 영녕전에는 매년 춘추와 음력으로 한 해의 마지막 달에 나라에서 지내는 제사를 따로 정하여 제례를 지냈다. 현재는 전주 이씨 대동종약원에서 매년 5월 첫째 일요일을 정하여 종묘제례라는 제향의식을 거행하고 있으며, 제사를 드리는 동안 연주하는 기악과 노래와 무용을 포함하는 종묘제례악이 거행되고 있다.

영녕전은 세종 3년(1421년)에 창건하여 처음에는 태실 4칸, 동서에 곁방 각 1칸씩으로 6칸의 규모였는데, 임진왜란 때 불타버려 광해군 즉위년에 10칸의 규모로 지었으며 그 후 계속 증축하여 현재 16칸으로 되어 있다. 현재 정전에는 19실에 49위, 영녕전에는 16실에 34위의 신위가 모셔져 있고, 정전 뜰 앞에 있는 공신당에는 조선시대 공신 83위가 모셔져 있다.

종묘의 주전인 정전은 건평이 1,270㎡로써 동시대의 단일 목조건축물로는 세계에서도 그 규모가 가장 큰 건축물로 추정되며, 종묘의 건축 양식은 궁전이나 불사의 건축이 화려하고 장식적인 데 반하여 유교의 검소한 기품에 따라 건립된 특수목적용 건축물이다. 종묘는 한국의 일반 건축물과 같이 개별적으로 비대칭구조를 하고 있지만 전체적으로 대칭을 이루고 있으며, 의례공간의 위계질서를 반영하여 정전과 영녕전의 기단과 처마, 지붕의 높이, 기둥의 굵기를 그 위계에 따라 달리하였다.

종묘의 가치

중국 주나라에서 시작된 종묘제도는 7대까지 모시는 제도로 시작되어 명나라 때에 와서 9묘 제도로 확대되었다. 중국의 태묘에서는 태실이 9실에 불과하나, 한국의 종묘만은 태실이 19칸인 매우 독특한 제도를 가지고 있다. 정면이 매우 길고 수평성이 강조된 독특한 형식의 건물 모습은 종묘제도의 발생지인 중국과도 다른 건축양식이며 서양건축에서는 전혀 그 유례를 찾아볼 수 없는 세계적으로 희귀한 건축유형이다.

종묘제례는 종묘인 의례 공간과 함께 의례 절차, 의례 음식과 제기, 악기와 의장물, 의례 음악과 의례 무용 등이 조화되어 있으며, 1462년에 정형화된 형태를 500년 이상 거의 그대로 보존하고 있다는 점에서 현재 세계에서 가장 오래된 종합적 의례문화라고 할 수 있다.

종묘제례와 종묘제례악에 나타난 의례 절차, 음악, 무용 등은 중국의 고대문명을 바탕으로 형성된 하, 은, 주 시대의 의례문화에 기원을 두고 있을 뿐만 아니라, 동양의 고대문화의 특징과 의의를 거의 그대로 보존하고 있기 때문에 동양 고대문화를 연구하기 위한 귀중한 자료로 활용될 수 있는 문화유산 중의 하나이다.

종묘제례악은 기악, 노래, 춤으로 구성되는데 세종 때 처음으로 시작되어 세조 때 다듬은 보태평과 정대업 22곡을 연주하고, 그 동작이 단순하면서도 장엄한 것이 특징인 육일무 등의 춤을 춘다. 신라향가나 고려가요가 오늘날 가사만 전해지는데 비하여 종묘제례악은 500년 전의 선율을 오늘날까지 그대로 전하고 있어 그 의의가 매우 크다.

종묘는 조선시대의 전통건물로서 일반 건축이 아닌 신전 건축임에도 불구하고 건축의 보편적 가치를 지니고 있어 많은 현대 건축가들의 연구대상이 되고 있으며, 종묘의 뛰어난 건축적 가치는 동양의 파르테논이라 칭해지고 있을 만큼 건축사적 가치가 크다.

종묘는 사적 제125호로 지정 보존되고 있으며 소장 문화재로 정전(국보 제227호), 영녕전(보물 제821호), 종묘제례악(중요무형문화재 제1호), 종묘제례(중요무형문화제 제56호)가 있으며, 1995년 12월 유네스코 세계유산으로 등록되었다.

종묘를 꼼꼼히 둘러본다

과거 종묘를 방문할 때는 창경궁 입장권으로 종묘가 동시 입장이 가능했었다. 창경궁과 다리가 연결되어 있어 창경궁을 촬영한 다음 시간이 남으면 종묘를 가는데, 창경궁과 종묘는 같은 궁전이라도 분위기가 다르게 느껴진다. 창경궁은 사람이 사는 곳이라 웅장하고 화려해 보이지만, 종묘는 조선왕조 역대 왕과 왕비 및 추존된 왕과 왕비의 신주를 모신 유교사당이라 그런지 정제되고 단아하게 보였다. 그래서 그런지 창경궁을 갔다가 종묘를 들르면 갑자기 시간이 정지되어 버린 것같다.

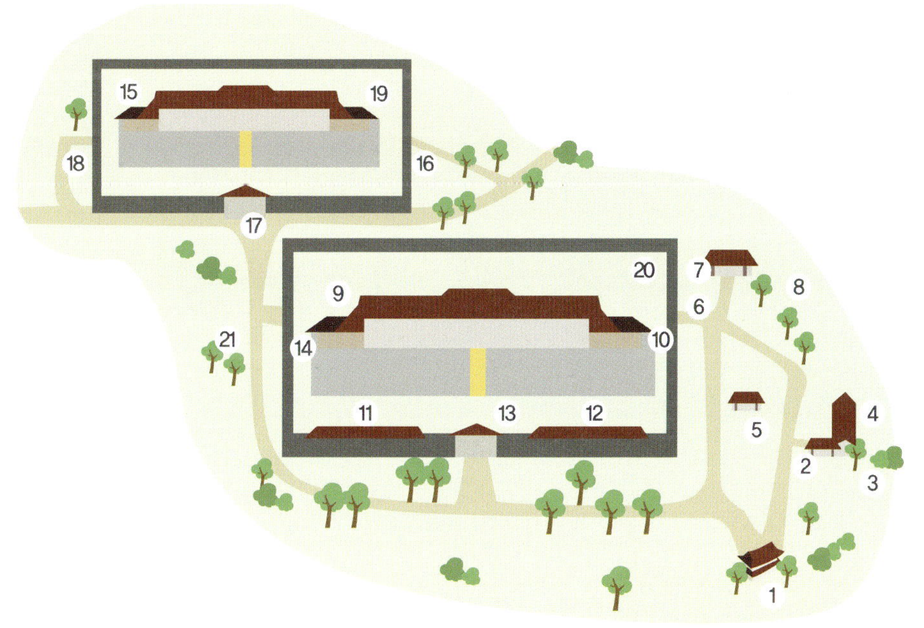

창경궁과 연결되어 종묘를 방문했을 때는 영녕전 뒤편 다리를 건너 자유롭게 촬영을 하였는데, 현재 창경궁과 종묘를 연결해주는 다리가 2010년 5월 1일부로 폐쇄되었다. 종묘를 방문하려면 종묘 외대문 방향으로 가서 입장권을 사고 자유관람이 아닌 해설사와 함께하는 시간관람제를 이용하여야만 한다. 하지만 매주 토요일은 해설사와 함께하지 않고 자유관람이 가능하다. 제약받지 않고 촬영을 자유롭게 하고 싶으면 토요일을 선택하면 된다.

종묘는 대로변에서 잘 보이지 않는다. 종묘 지하주차장이 건립되어 좁은 통로를 30m 걸으면 종묘 매표소가 나온다.

외대문(정문)

| 종묘정문 | 파나소닉 LX7 | F1.6 | 1/125s | ISO 80 | 노출보정 0 | 초점거리 24mm | TIME 17:42 | 종묘 외대문 |

종묘의 정문인 외대문은 정면 세 칸의 평삼문으로 되었고, 정문 좌우로는 종묘 외곽을 두르는 담장과 연결되어 있다. 정문 안 서쪽으로는 본래 종묘를 지키는 수복방이 있었다. 정문은 원래 전면

중앙에 난 계단으로 오르내리게 되어 있었는데, 일제 강점기에 도로를 조성하면서 도로면이 높아지게 되어 땅에 묻히고 지금은 단벌의 장대석만 있다.

종묘 정문은 외대문 또는 창엽문이라고도 한다. 정문인 외대문은 궁궐 정문과는 달리 구조 형태가 아주 검박하고 단순하다. 종묘의 건물들은 현판이 없다는 것이 특징인데, 현판이 없는 이유는 여러 사람들이 출입하는 궁과 달리 종묘는 제사를 모시는 신성한 공간으로 제관 이외는 일반 백성이 알 필요가 없기 때문에 외대문에도 현판이 없다. 정문 밖에는 하마비와 서울특별시 유형문화재 제56호로 지정된 어정이 있다.

향대청 일원

향대청은 원래 제사에 필요한 예물이나 향, 축문, 폐백을 보관하던 장소이고 남쪽에 있는 집사청은 제례를 주관하는 제관들이 대기하던 곳이었다. 그러나 지금은 유물을 전시하고 있는 교육 홍보관으로 이용되고 있으며, 삼국시대에서 조선시대까지의 종묘 이야기와 제례 등을 배울 수 있다. 왕실을 상징하는 구리로 만든 제기는 모양이나 무늬가 달랐는데, 계절이나 용도에 따라 사용했다고 한다.

01 망묘루

109

향대청 남쪽에 위치하는 '망묘루'는 나라에서 지내는 제사를 할 때 임금이 머물면서 사당을 바라보며 '선왕과 종묘사직을 생각한다'는 뜻으로 붙인 이름이다. 현재는 종묘 사무소로 사용하고 있다.

02 공민왕 신당

공민왕 신당은 망묘루 동쪽에 별당으로 고려 31대 왕 공민왕을 위하여 종묘 창건 시에 건립되었다고 전한다. 신당 내부에는 공민왕과 노국대장 공주가 한자리에 있는 영정과 준마도가 봉안되어 있다고 한다.

| 향대청 공민왕 신당 | 삼성NX11 | F5.6 | 1/80s | ISO 200 | 노출보정 0 | 초점거리 27mm
| TIME 08:15 | 종묘 공민왕 신당 |

03 종묘 향대청

정문을 들어서면 자그마한 연못이 나오는데, 연못 동쪽으로 망묘루, 공민왕 신당, 향대청 일곽이 있다. 향대청은 종묘에서 왕이 제사를 지낼 때 제사에 필요한 예물이나 향, 축문, 폐백을 보관하던

장소이다. 제향에 나갈 임시로 임명되던 제관들이 대기하던 곳으로 남북으로 긴 뜰을 사이에 두고

동쪽과 서쪽에 건물이 배치되어 있다.

04 향로

향대청 안에 전석이 깔려 있는 이 길은 종묘제례 때 향과 축문을 모시는 길이어서 향로라 하였다.

향로는 신로, 신향로, 향어로, 어로, 세자로를 다르게 전석을 깔아 차별을 두어 밟고 다니지 못하게

하였다.

재궁 일원

재궁은 임금이 세자와 함께 제사를 준비하던 곳으로 어재실 또는 어숙실이라고 불렸는데, 북쪽에 임금이 머무는 어재실, 동쪽에 세자가 머무는 세자재실, 서쪽에 어목욕청이 있다. 임금과 세자는 재궁 정문으로 들어와 머물면서 몸과 마음을 깨끗이 한 후, 서문으로 나와서 정전의 동문으로 들어가 제례를 올렸다.

삼성 NX200 | F8 | 1/60s | ISO 800 | 노출보정 0
초점거리 24mm | TIME 17:06 | 종묘 재궁 입구

파나소닉 G3 | F7.1 | 1/400s | ISO 160 | 노출보정 0
초점거리 16mm | TIME 09:32 | 종묘 재궁

01 어숙실

재궁문 | 삼성 NX200 | F2.8 | 1/500s | ISO 200 | 노출보정 0
초점거리 24mm | TIME 16:34 | 종묘 재궁

재궁 어숙실 | 삼성 NX200 | F2.8 | 1/60s | ISO 800 | 노출보정 0
초점거리 24mm | TIME 16:33 | 종묘 재궁

재궁 어숙실 | 삼성 NX200 | F2.8 | 1/60s | ISO 800 | 노출보정 0
초점거리 24mm | TIME 16:32 | 종묘 재궁

정전 동남쪽에 위치한 어숙실은 국왕이 제사를 준비하던 곳이다. 어숙실 동쪽에는 신관이 머물던 예재실이 있고, 서쪽에는 왕이나 신관들이 목욕하던 욕청이 있다.

02 세자재실

임금이 세자와 함께 제사를 준비하던 곳으로 동쪽에 세자가 머무는 세자재실이 있다.

| 재궁 세자재실 | 삼성 NX200 | F2.8 | 1/200s | ISO 200
| 노출보정 0 | 초점거리 24mm | TIME 16:35 | 종묘 재궁 |

| 재궁 제기도병풍 | 삼성 NX200 | F2.8 | 1/30s | ISO 200
| 노출보정 0 | 초점거리 24mm | TIME 16:31 | 종묘 재궁 |

임금과 세자는 재궁 정문으로 들어와 머물면서 몸과 마음을 깨끗이 하기 위해 서쪽에 어목욕청이
있다.

| 재궁 어목욕청 어재실 | 파나소닉 G3 | F8 | 1/100s | ISO 160 | 노출보정 0 | 초점거리 14mm | TIME 16:42 | 종묘 재궁 |

전사청 일원

재궁문을 나오면 전사청이 나오는데 이곳은 제례를 치를 때 음식을 마련하는 곳으로 평상시에는 제사용 집기를 보관하는 곳이다.

| 전사청 입구 |

전사청에 들어가는 입구에 성생위와 천막단이 보이는데 성생위는 제물로 사용할 소, 양, 돼지를 검사하던 곳이고, 천막단은 전사청에서 만든 제사음식을 제사상 위에 차리기 전에 검사하던 곳으로 나라의 큰제사이기에 음식에 대한 검수가 철저하게 진행되었던 것 같다.

| 전사청 성생위 |

| 전사청 찬막단 |

117

| 전사청 내부 | 삼성 NX200 | F8 | 1/125s | ISO 200 | 노출보정 0 | 초점거리 24mm | TIME 16:57 | 종묘 전사청 |

전사청은 종묘제사에 사용하는 제수의 진찬 준비를 하던 곳으로, 뜰을 가운데 두고 그 주위로 건물을 ㅁ자형으로 배치하였다. 주실은 정면 7칸, 측면 2칸이고 옆에 온돌과 마루방을 들여 행각으로 꾸몄다.

제정은 제사음식을 만들 때 사용되었던 우물을 말하는데, 정전 전사청 동쪽에 별도로 위치하고 있다. 이 우물은 가뭄이 들어도 물이 마르지 않는다고 한다. 사면이 담장으로 둘러싸여 있다.

| 삼성 NX200 | F8 | 1/100s | ISO 200 | 노출보정 0 | 초점거리 24mm | TIME 16:43 | 종묘 전사청 제정 |

정전 일원

가로 109m, 세로 69m의 넓은 월대 위에 세워진 조선왕 신주를 모신 정전은 웅장하게 보이는 건물로 우리나라에서 가장 긴 목조 건물이다. 그래서 필자는 촬영 시 이곳에서 가장 오래 머물며 촬영을 하는데, 주로 광각렌즈를 달고 우리나라에서 가장 긴 목조 건물 정전을 보다 길고 웅장하게 표현을 한다.

정전 건물 앞에는 크기와 모양이 다른 얇은 돌을 쌓아 만든 단이 있는데, 이 단을 월대라고 한다.
파나소닉 G3 | F9 | 1/250s | ISO 160 | 노출보정 0 | 초점거리 14mm | TIME 08:21 | 종묘 정전 남문

종묘 정전(국보 제227호)은 매 칸마다 신위를 모신 신실인 감실 19칸, 그 좌우의 협실 2칸, 그리고 남문인 신문에서 보면 동서 109m, 남북 69m나 되는 묘정 월대가 넓게 펼쳐 있다. 월대 가운데에는 신실로 통하는 긴 신로가 남북으로 나 있으며, 그 북쪽 끝에 상월대와 기단이 설치되어 있다. 종묘 건축이 다른 건물과 다른 점은 건물 내부에 모실 신위의 수가 증가함에 따라 몇 차례에 걸쳐 건물을 옆으로 증축하여 길게 만든 점에 있다.

| 파나소닉 G3 | F5.6 | 1/50s | ISO 400 | 노출보정 0 | 초점거리 120mm | TIME 08:29 | 종묘 정전 |

정전신위봉안도를 보면 조선왕조는 태조 → 정종 → 태종 → 세종으로 이어지는데, 정종이 빠져있고, 영녕전 신위 봉안도에 있는 것을 보면 당시 정종은 왕으로 인정받지 못하고 추후에 인정을 받았다.

정종이 추후에 왕으로 인정받은 이유는 세종이 왕으로 인정하지 않고 임시로 나라를 다스리는 사람으로 대했기 때문이다. 세종이 정종을 왕으로 인정하지 않은 이유는 정확하지 않지만 역사 기록을 보면 왕인 것은 사실이다.

태조 7년(1398년)에 제1차 왕자의 난이 일어난 뒤 세자로 책봉됐고, 곧이어 태조의 양위를 받아 왕위에 올랐다. 이어 1400년 제2차 왕자의 난이 수습되자 동생 이방원에게 양위하고 상왕으로 물러났다. 그러나 세종은 태조가 인정한 큰아버지인 정종을 태종에 의해 어부지리로 왕권을 이어받았다고 생각한 세종은 애써 왕이 아닌 종친으로 생각했던 것 같았다. 세종 1년 1419년 9월에 정종이 승하하였는데, 세종은 명나라에 보낸 국서에서 정종을 임금이 아닌 '큰아버지'로 표현하고, 행장에도 국왕이 아닌 '전 권서국사(前 權署國事)'라고 적었다고 한다.

'권서국사'는 '임시로 나라를 다스리는 사람'으로 명나라도 시호를 전달하였는데 조선이 사용한 '조선국 전 권서국사 이모(朝鮮國 前 權署國事 李某)'라고 표현했다고 한다.

명나라에서 정종을 왕으로 인정하지 않는 외교문서를 받고 세종은 그해 11월 29일 신하들과 정종의 능호, 묘호, 시호에 대해 의논한다. 그리고 세종은 묘호를 올리지 않을 뜻을 밝혔다고 한다. 묘호는 돌아가신 임금을 종묘의 신위에 모실 때 올리는 호다.

세종은 정종의 아들과 딸을 임금의 자녀가 아닌 대군의 자녀로 예우하고, 정종을 백부, 자신을 효질(孝姪)이라고 호칭했다고 한다. 세종은 정종을 제외하고 태조와 태종의 보감만을 편찬하도록 지시하고, 문소전에도 태조와 태종의 신위판만 봉안했다고 한다. 정종의 묘호를 올리지 못한 것은 세종의 강한 의지가 크다. 결국 정종은 조나 종이 붙은 묘호가 없이 종묘에 들어갔고, 숙종 때까지 공정대왕으로 불리게 되었다고 한다.

정종의 묘호에 대한 문제는 예종 때 거론되기 시작해 성리학적 명분론이 성숙한 숙종 7년인 1681년에야 제대로 된 임금 대우를 받게 되는데, 죽어서도 300년 가까이 서러운 대우를 받은 군주 정종이된 것이다.

삼성 NX200 | F8 | 1/250s | ISO 100 | 노출보정 0 | 초점거리 24mm | TIME 09:33 | 종묘 정전

125

| 정전 신위봉안도 |

02 정전 동문

제례 때 헌관이 출입하는 동문은 정전 신문(神門)과 마찬가지로 지붕 용마루 높이가 같은 3칸 규모의 평삼문으로 되어 있다.

칠사당은 일곱의 작은 신들에게 왕실과 궁궐의 모든 일과 만백성의 생활이 근심 걱정 없이 잘 풀리도록 기원하는 사당이다. 칠사에게 지내는 제사는 토속신앙과 유교사상이 결합된 국가의례이다.

| 정전 칠사당 뒤 | 삼성 NX200 | F8 | 1/80s | ISO 200 | 노출보정 0 | 초점거리 24mm | TIME 17:11 | 종묘 정전 칠사당 |

조선왕조 역대 공신들의 83위패를 모신 곳이다. 정전 울타리 안 월대 남쪽의 동쪽에 있으며 창건 때는 3칸에 불과하였으나, 나중에 9칸으로 늘렸다가 지금은 16칸의 긴 건물이 되었다.

칠사당과 같은 구조 형식으로 매우 간소하게 되어 있는데 왕의 신실과 한 울타리 안에 있어서 일부러 그 형식을 낮추었다고 생각되며, 16칸이라는 보기 드문 건축 형태임에도 불구하고 정전이 워낙 웅장하고 길어서 조선왕조 공신들의 위패가 모셔진 공신당을 자칫 그냥 지나치기가 쉽다.

이곳에 공신신주봉안도 안내판이 있는데 가족들과 종묘를 방문하면 공신당에 가서 나의 조상이 이곳에 모셔졌는지 보는 것도 재미있는 역사공부가 될 것 같다.

| 정전 공신당 뒷담 | 삼성 NX200 | F8 | 1/80s | ISO 400 | 노출보정 0
| 초점거리 24mm | TIME 17:13 | 종묘 정전 공신당 |

| 삼성 NX200 | F8 | 1/80s | ISO 400 | 노출보정 0
| 초점거리 24mm | TIME 16:53 | 종묘 정전 공신당 |

| 삼성 NX200 | F8 | 1/80s | ISO 100 | 노출보정 0 | 초점거리 28mm | TIME 09:07 | 종묘 정전 남문

| 삼성 NX200 | F8 | 1/160s | ISO 200 | 노출보정 0 | 초점거리 140mm | TIME 17:13 | 종묘 정전 서문 |

| 파나소닉 G3 | F8 | 1/250s | ISO 160 | 노출보정 0
| 초점거리 14mm | TIME 09:40 | 종묘 정전 수복방 |

| 정전 수복방 문 |

정전 동문 북쪽에 위치한 수복방은 제사를 담당하는 노비와 관원들이 거처하던 방으로 두 벌 장대 기단위에 정면 4칸, 측면 단간의 맞배집이다.

<h1 align="center">영녕전 일원</h1>

조선의 임금에게 종묘는 정통성의 상징이며 임금은 자신의 즉위를 비롯해 세자 책봉 등 국가의 주요 대사를 종묘에 모셔져 있는 조상들에게 우선적으로 고했다고 한다.

종묘에서 정통성이 나오는 것으로 인식했기 때문에, 광해군을 몰아내고 임금이 된 인조는 왕의 아들이 아니었던 인조가 아버지를 임금인 원종으로 추존하고 종묘에 모신 것도 그 이유이다.

01 영녕전

별묘인 영녕전(보물 제821호)은 네모나게 둘레 담으로 쌓아 의례를 행할 수 있는 묘정 공간을 형성하고 있는데, 영녕전과 정전이 서로 다른 점이 3가지 있다.

1. 영녕전 제례는 정전보다 한 단계 낮게 진행된다.
2. 건축 규모 면에서 정전의 건축이 영녕전보다 넓고 크다.
3. 영녕전에는 정전에 있는 공신당과 칠사당이 없다.

영녕전 정전에는 목왕, 익왕, 도왕, 환왕의 순으로, 서협실에는 정종(2대), 문종(5대), 단종(6대), 덕종(추존), 예종(8대), 인종(12대), 동협실에는 명종(13대), 원종(추존), 경종(20대), 진종(추존), 장조(추존), 영왕과 각 왕의 비를 합쳐 모두 34신위가 16감실에 모셔져 있다. 종묘에는 한때 폐위되었다가 숙종 때 복위된 단종의 신위는 영녕전에 모셔져 있는 반면 폐위된 연산군과 광해군의 신위는 정전과 영녕전 모두에서 제외돼 왕으로서 불운을 겪는 왕이 되었다.

영녕전은 신실 하나하나의 구성은 정전과 크게 다름이 없지만, 부재의 크기가 정전보다 약간 작고 전체 건물 규모도 정전보다 작기 때문에 정전에서와 같은 장대함을 느끼기에는 뒤지는 감이 있다. 하지만 오히려 그 때문에 공간이 한눈에 쉽게 들어와 친근감을 더해 준다. 영녕전 세부 구성은 정전과 거의 같으며 역시 부재 표면도 단청 없이 간단히 주칠로 마감하였다.

영녕전의 뼈대를 이루는 데 중요한 요소가 되는 여러 가지 재료의 처리나 건물의 규모가 전체적으로 종묘 정전보다는 작지만, 건축 공간 자체의 장엄한 공간 구성은 여기서도 잘 나타나고 있다.

| 파나소닉 G3 | F8 | 1/250s | ISO 160 | 노출보정 0 | 초점거리 14mm | TIME 09:19 | 종묘 영녕전 |

| 파나소닉 G3 | F9 | 1/250s | ISO 160 | 노출보정 0 | 초점거리 14mm | TIME 09:17 | 종묘 영녕전 |

| 삼성 NX200 | F10 | 1/125s | ISO 100 | 노출보정 0 | 초점거리 24mm | TIME 09:53 | 종묘 영녕전 |

| 영녕전 신위봉안도 |

| 영녕전 찬막단 |

02 영녕전 동문

영녕전 제례를 올리게 되면 제관들의 통로는 어숙실 서협문에서 영녕전 동문이다. 동문 밖에는 사각형으로 된 전하와 세자의 판위가 각각 자리를 다르게 위치하고 있다. 종묘건축의 절제된 분위기는 담으로 둘러싸인 묘정 밖 공간으로 이어진다. 둘레 담과 어로등 제향건축에 필요한 기능과 움직임을 표시하는 단순한 건축 구성미가 종묘건축을 더욱더 상징적인 차원으로 만들었다.

| 삼성 NX200 | F10 | 1/50s | ISO 400 | 노출보정 0
| 초점거리 24mm | TIME 09:03 | 종묘 영녕전 동문

| 파나소닉 G3 | F9 | 1/100s | ISO 160 | 노출보정 0
| 초점거리 14mm | TIME 09:21 | 종묘 영녕전 동 · 남문

원형 주좌를 둔 주춧돌에 둥근 기둥과 간단한 초각을 한 익공, 두 짝 판문 등 세부 구성은 정전과
거의 같다.

| 영녕전남문 | 삼성 NX200 | F8 | 1/60s | ISO 200 | 노출보정 0 | 초점거리 24mm | TIME 17:03 | 종묘 영녕전 |

| 영녕전 남문담 | 삼성 NX200 | F4 | 1/100s | ISO 400 | 노출보정 0 | 초점거리 90mm | TIME 17:24 | 종묘 영녕전 |

악공 등이 출입하는 문으로 규모에 차이를 두었다.

| 삼성 NX200 | F10 | 1/160s | ISO 100 | 노출보정 0 | 초점거리 24mm | TIME 09:53 | 종묘 영녕전 서문 |

| 삼성 NX200 | F10 | 1/100s | ISO 200 | 노출보정 0 | 초점거리 24mm | TIME 09:00 | 종묘 영녕전 서문 |

영녕전 동편에 자리 잡고 있는 제기고는 제기를 보관했던 곳이었다.

| 삼성 NX200 | F9 | 1/60s | ISO 200
| 노출보정 0 | 초점거리 24mm
| TIME 17:13 | 종묘 영녕전 제기고 |

| 삼성 NX200 | F8 | 1/100s | ISO 400
| 노출보정 0 | 초점거리 24mm
| TIME 17:08 | 종묘 영녕전 제기고 |

제례 시에 주악하는 악사들이 대기도 하고 연습도 하는 건물이다.

| 삼성 NX200 | F8 | 1/100s | ISO 400 | 노출보정 0 | 초점거리 24mm | TIME 17:08 | 종묘 정전 악공청 |

| 소악공청 | 삼성 NX200 | F8 | 1/80s | ISO 400 | 노출보정 0 | 초점거리 24mm | TIME 17:01 | 종묘 영녕전 악공청 |

| 삼성 NX200 | F10 | 1/100s | ISO 200 | 노출보정 0 | 초점거리 24mm | TIME 17:05 | 종묘 영녕전 악공청 |

삼도연못(종묘 연지)

드므란 넓적하게 생긴 큰 독으로 순수한 우리 말이다. 잡귀가 물에 비친 제 모습을 보고 놀라 도망가게 한다는 주술적 의미가 있으며 화재가 났을 때 방화수로 사용되었다.

일반관람(시간관람제)

※ 종묘는 문화재해설사와 함께하는 관람을 실시하고 있습니다.

관람시간	
한국어	09:20 10:20 11:20 12:20 13:20 14:20 15:20 16:20 17:00(3~9월에만 운영)
일본어	09:00 09:40 10:40 11:40 12:40 13:40 14:40 15:40 16:40(3~9월에만 운영)
영어	10:00 12:00 14:00 16:00
중국어	11:00 15:00

- 1회 관람인원은 최대 300명이며, 본 페이지에서 관람예약을 하시거나 현장에서 관람권을 구매하실 수 있습니다.
- 관람 예약 후 연락 없이 입장시간 10분 전까지 매표하지 않을 경우에는 관람예약은 자동 취소됩니다.
- 예약하신 분들은 관람권 구매 시 예약확인서를 제출해 주시기 바랍니다.
- 외국어 안내 시간에는 외국인을 동반하지 않은 내국인 입장이 불가합니다.
- 학생단체관람은 10:20, 13:20에 별도 운영되며 반드시 사전에 예약해 주시기 바랍니다.
- 단체할인은 적용되지 않습니다.
- 토요일은 예약 없이 자유롭게 관람하실 수 있습니다.
- 한국어 17:00와 일본어 16:40 입장은 일몰시간 관계로 3~9월에만 운영합니다.
- 관람 시간은 약 1시간입니다.
- 관람 요금 1,000원
- 매주 화요일은 휴관

자유관람

※ 매주 토요일은 자유관람일입니다.

관람시간					
2~5월, 9~10월		6~8월		11~1월	
매표시간	관람시간	매표시간	관람시간	매표시간	관람시간
09:00~17:00	09:00~18:00	09:00~17:30	09:00~18:30	09:00~16:30	09:00~17:30

정조의 꿈을
품은 성곽
수원 화성

조선의
사계
이야기

제3장

갤러리

왜 수원 화성이 유네스코에 지정이 되었을까?

성벽은 외측만 쌓아올리고 내측은 자연 지세를 이용해 흙을 돋우어 메우는 외축내탁의 축성술로 자연과 조화를 이루는 성곽을 만들었다. 또한 수원 화성은 철학적 논쟁 대신에 백성의 현실 생활 속에서 학문의 실천과제를 찾으려고 노력한 실학사상의 영향으로 벽돌과 돌의 교축, 현안·누조의 고안, 기중가의 발명, 목재와 벽돌의 조화를 이룬 축성방법 등은 동양 성곽 축성술의 결정체로서 희대의 수작이라 할 수 있다. 특히 당대학자들이 충분한 연구와 치밀한 계획에 의해 동서양 축성술을 집약하여 축성하였기 때문에 그 건축사적 의의가 매우 크다.

축성 후 1801년에 발간된 『화성성역의궤』에는 축성계획, 제도, 법식뿐 아니라 동원된 인력의 인적 사항, 재료의 출처 및 용도, 예산 및 임금계산, 시공기계, 재료가공법, 공사일지 등이 상세히 기록되어 있어 성곽축성 등 건축사에 큰 발자취를 남기고 있을 뿐만 아니라 그 기록으로서의 역사적 가치가 큰 것으로 평가되고 있다. 수원 화성은 사적 제3호로 지정 관리되고 있으며 소장 문화재로 팔달문(보물 제402호), 화서문 (보물 제403호), 장안문, 공심돈 등이 있다. 수원 화성은 1997년 12월 유네스코 세계문화유산으로 등록되었다.

세계유산적 가치

18세기에 완공된 짧은 역사의 유산이지만 동서양의 군사시설이론을 잘 배합시킨 독특한 성으로서 방어적 기능이 뛰어난 특징을 가지고 있다. 약 6km에 달하는 성벽 안에는 4개의 성문이 있으며 모든 건조물이 각기 다른 모양과 디자인을 띠고 있다.

동양 성곽의 백미

| 북서포루 내측 담벽 | 삼성 NX200 | F7.1 |
1/160s | ISO 200 | 노출보정 0 | 초점거리 24mm |
TIME 07:42 | 수원 화성 |

| 삼성 NX200 | F8 | 1/130s | ISO 200 | 노출보정 0 |
초점거리 24mm | TIME 17:35 | 수원 화성 |

수원 화성을 다루다보니 정조가 왜 개혁 군주가 되었는지 알아볼 필요가 있는 것 같다.

정조에게는 할아버지인 영조와 아버지인 사도세자가 있었는데, 영조가 아버지인 사도세자를 뒤주에 가두어 죽이는 유명한 사건이 있었다.

당쟁에 의해서 죽었다는 설과 사도세자의 안 좋은 기행으로 죽었다는 설이 있지만 사실 여부야 어찌 되었든 사도세자가 죄인이 되어 죽음을 맞이하였으니, 그의 아들 정조는 죄인의 아들이 될 수밖에 없었다. 영조는 죽은 장헌세자의 아들로 정조를 입적시키는 방법을 통해 죄인의 아들이 되지 않게 하는 궁여책을 썼겠지만 그렇다고 한들 핏줄을 부정할 수가 있었을까?

영조도 왕위에 오를 당시, 장희빈의 아들 경종이 죽으면서 아들이 없는 관계로 숙빈 최씨의 아들 이복동생(영조)이 왕위 계승을 하려했을 때 이에 반대하는 세력과 찬성하는 세력 사이에서 겪어야 했을 고뇌들이 있었을 것이다. 따라서 정조를 죽은 장자 혈통에 입적시켜 장헌세자와 정조의 부자관계를 이루어 놓은 점이 이해가 갈 법도 하다는 것이다. 나중에 정조가 왕위를 계승할 때 신하들의 반발을 막기 위해 명분상으로는 죄인의 아들이 왕위를 계승한다는 것을 막아주면서 장자의 아들이 왕위를 계승한다는 영조의 의도를 엿볼 수가 있는 것 같다.

◆◆ 정조, 조선의 왕이 되다

이후 세손이지만 세자의 지위를 가지고 생활하던 정조는 아버지 사도세자의 죽음과 사대부의 권력이 왕권에 미치는 영향을 수없이 보며 자랐을 것이다. 영조 말년 경인 1775년 국왕을 대신해 대리 청정하다가 다음 해 영조가 승하하면서 1776년 25세로 왕위를 계승하게 된다. 이 과정에서 그의 왕위 계승을 반대하는 세력에 의해 갖가지 방해공작이 이루어지는데 대리청정 시절 '삼불필지설(三不必知說)'이 이를 입증해주는 것 같다.

삼불필지설(三不必知說)란 좌의정 홍인한이 대리청정을 반대하며 했던 말로 "동궁께서는 노론과 소론을 알 필요가 없으며, 이조 판서와 병조 판서를 알 필요가 없고. 조정의 일에 이르러서는 더욱 알 필요가 없습니다"라는 뜻으로 영조가 아파서 대신 정사를 보는 정조의 권위를 무시하며 내세운 말로 전해진다.

정조는 즉위 후, 왕권확립에 주력하여 왕권에 도전하고 자신을 경계한 세력 홍인한을 제거하였다. 그래서 기존세력을 대체할 인재를 육성하고, 규장각을 설치하여 학문 정치 구현을 위한 발판으로 삼고자 하였다.

왕위에 오른 지 4년 만에 왕권에 도전하는 대부분 정적을 제거하고 신진세력을 대거 기용하여 각종의 개혁 정책을 추진하였다.

정조 역시 영조가 해온 탕평 정책을 추진하였는데, 영조 중반 이후 노론의 우위를 주장하는 척신 세력과 이들을 타파하려는 노선인 청류를 자처하는 세력이 정국을 주도하였다.

정조는 그동안 척신 세력에 비판을 가해온 청류를 조정의 중심부로 끌어들여 이른바 탕평을 펼쳤다. 아울러 그동안 정치에서 소외되었던 남인 세력을 등용하여 정치에 참여하도록 하여 정치적 통합을 이루고자 하였다. 이런 탕평책의 추진과정에서 권력을 가진 신하들의 반발 때문에 왕권 보호 차원으로 친위부대인 장용영(壯勇營)을 설치하여 왕권을 강화하였다. 정조는 자기를 믿고 따르는 똑똑한 인재를 만들기 위해 창덕궁 후원에 규장각을 만들었다. 이로써 학문정치를 구현하며 인재를 교육시켜 국가의 재목을 키우고 자신의 친위세력으로 확보하고자 하였다. 학문 정치의 명분으로 서적 간행에도 힘을 기울이며 새로운 활자를 개발하였다.

규장각 내에 검서관 제도를 두어 북학파의 대표적인 인물인 박지원의 제자 서얼 이덕무, 유득공, 박제가 등을 등용하였다. 이들은 서얼이라는 신분적 한계로 인해 똑똑하지만 그동안 자신들의 기량을 제대로 발휘하지 못하였다. 정조는 이들에게 기회를 제공함으로써 기존 양반세력의 견제와 신분적 타파를 기대하였다.

 그리고 정조는 왕권확립도 꾀했지만 시대를 개혁하고자 하는 의지를 엿볼 수 있는 부분은 서얼계급의 등용이다. 그중 하나가 서얼계급의 문과응시 개방이다. 당시 서얼계급은 문과응시는 원칙적으로 금지되어 있었고, 무과와 잡과에는 응시 가능했으나 승진에 제한이 있어 6품 이상으로 올라가는 것은 거의 불가능했다. 정조는 서민계급에게 살 길을 터주는 마음 넓은 군주겠지만, 양반

계급에게는 기득권의 침해라는 심각한 도전이었을 터이다. 어쨌든 당시 기존세력의 반대에도 불구하고 출신 제한을 없애고 문과에 응시하도록 한 것은 대단한 개혁으로 볼 수 있겠다.

서얼7계급이란?

서자와 얼자로 태어난 첩의 자식인데, 조선시대에 양반의 자식으로 태어나도 첩의 소생으로 태어나면 서얼계급이었다. 당시의 종모법이 있어서 어머니 신분이 중인이나 양반집 자식이면 '서자', 어머니 신분이 노비, 기생 등의 천민이었을 때는 같은 서자라도 '얼자'라고 불렀으며, 아버지가 아무리 고관대작이라 하더라도 법적 신분은 종모법에 따라 천민이 되는 것이다.

조선은 법제적으로 일부일처제의 국가로서 첩의 신분은 보장되지 않았으며, 첩의 소생 또한 정처의 자식과는 차별을 두었는데 양반가뿐만 아니라 왕가와 종친에도 그대로 적용되었다.

이 당시 신분의 차이를 갓으로 구분을 하였는데, 중인 이하의 계급인 서얼계급은 양반과 같은 모양의 갓을 쓸 수 없고, 중인계급이 사용하는 갓을 썼으며 갓끈으로 사용되는 재료도 제한되었다고 한다. 첩의 자식은 가문의 부의 정도와 집안에서의 대접에 따라 좋은 옷감에 화려하게 차리고 다닐 수는 있어도 갓만은 법이 정한 내에서 지켜 써야 했으니 서얼계급에게는 일종의 족쇄가 되었을 것이다. 혼인 또한 제한이 많아 양반과는 혼인이 거의 불가능했다. 이 당시 조선은 신분제도에 민감하여 양반 출신의 여자가 노비계급의 남자와 혼인하는 것을 국법으로 다스렸다고 한다.

그래서 서얼계급은 보통 중인계급의 여자들과 혼인이 가능하였고, 서얼계급의 여자들은 첩으로 시집가든가 기생이던 어머니를 이어 기생이 되기도 하였다. 조선은 법제적 일부일처제 국가였기 때문에 서얼계급은, 양반인 아버지 성씨는 쓰게 하나 없는 것과 같은 불필요한 존재였다.

서얼계급은 신분상으로도 크게 차이가 있어 호부호형은 불가했고, 당연히 부친과 정실부인 그리고 정실부인의 자식들도 상전으로 대접해야 했다. 정실부인이 자식이 없을 때 다른 친척의 적자를 양자로 들이거나 씨받이를 받아들이는 한이 있어도 서얼은 가문의 대를 이을 수 없었다.

예를 들어 홍길동의 경우 아버지는 양반이고, 어머니가 천민이므로 홍길동의 신분도 천민으로 보는 것이다. 또한 누가 만들었는지 악법 중에 악법이며 양반 이외의 사람들에게는 암흑의 시대였을 것이다.

정조는 전국의 유통단계도 독과점을 없애는 개혁을 했는데 이것이 '통공정책'이다.

순종 시절 도성 내에서 장사를 하던 상인이 타지의 상인에게 상권을 침해받아 이에 시전상인은 자신의 상업적 특권을 보호하려고 난전 금지를 왕실에 요청하였다. 왕실은 재정수입을 늘릴 목적에서 국가 수요품을 조달하는 육의전을 비롯한 시전상인에게 서울 도성 안과 도성 아래 십 리 이내의 지역에서 난전의 활동을 못하게 하고, 특정 상품에 대한 전매권을 지킬 수 있도록 하는 금난전권을 부여한다.

처음에는 좋은 취지로 시작했지만 독점적 상업권을 부여받고 유지하기 위해서는 정치와 결탁할 수밖에 없어 부정부패의 온실이 되고 일부 특권세력의 경제권 장악으로 여기에 끼지 못한 난전상인의 알력싸움은 심화되고 상인들 간의 빈부의 격차가 심해졌다.

정조는 당시 시전상인이 돈으로 결탁하여 일부 정치세력을 움직이는 것을 보고, 시전상인과 부패한 정치세력을 견제하기 위해 금난전권의 폐지와 난전상인의 안정이라는 목표를 가지고 단행된 상업정책을 폈다.

정조는 통공정책으로 자유로운 상행위가 이루어지도록 하고 수원 화성에 난전상인들을 유치해 자유로운 상행위를 시험해본다.

이러한 정조에게 있어 개혁을 위한 또 하나의 시험무대이자 결과물이 바로 수원 화성이었다. 뒤주 속에서 생을 마감한 아버지 사도세자의 능침은 양주 배봉산에 있었다. 그러나 정조 즉위 후 조선 최대의 명당인 수원의 화산으로 천봉하고 화산 부근에 있던 읍치를 수원의 팔달산 아래 지금의 위치로 옮기면서 수원 화성을 축성하였다.

정조는 1792년 초여름 규장각 실학자 정약용을 불러서 수원에 새 성을 쌓겠다는 뜻을 밝히고, 10년 안에 성을 쌓을 수 있는 좋은 방법을 강구해보라고 했다. 정조는 정약용에게 관련 도서 참고자료로 주면서 공부하게 했고, 마침내 정약용은 기중가(起重架)라는 설계도면을 만들어 정조에게 바칠 수 있었다. 정약용이 설계한 기중가는 무거운 물건을 쉽게 들어 올리는 도구로 무거운 돌로 성을 쌓는 데 많은 도움을 주었다.

그리고 정조와 정약용은 조선의 도시가 원하는 가장 이상적인 성곽의 모습을 그려냈다. 조선의 성과 중국, 유럽 성의 장단점들을 고려하여 성의 둘레와 높이 등 성벽의 규모와 성벽을 쌓을 재료를 정하고 축성 과정에서 전혀 새로운 차원의 개념을 시도하였다.

또한 일반 백성을 노역에 동원하지 않고, 전문적인 인부와 장인을 모집하여 노임을 주고 거처를 제공하여 수원 화성을 건립하였다. 일반 백성이 이러한 과정을 거쳐 축성을 하면 10년 이상의 기간이 필요한 것을 정조는 1794년 1월부터 수원 화성 쌓기 공사에 착수하여 1796년 9월에 완공, 2년 8개월 단축시켰다. 조선왕조 시대에 일반 백성의 강제노역 없이 전문가를 불러 모아 노임과 거처를 제공한 것만이라도 정조가 다른 왕과 다르다는 것을 느낄 수 있다.

수원 화성은 당파정치 근절과 아버지에 대한 효심이 축성의 근본이 되었을 것이다. 수도 남쪽의 국방 요새로 활용하기 위한 측면도 있겠지만, 무엇보다 죄인으로 죽어간 아버지를 당당히 인정하려 했다는 점에서, 당파정치의 근절과 강력한 왕도정치를 실현하고자 했던 한 임금의 원대한 포부가 묻어나는 듯 하다. 그래서 정치 구상 중심에 서서 고뇌하던 임금 정조가 된 듯 감회에 젖어들게 한다.

수원 화성을 감상하다

정조는 수원 화성을 왜 건립했는가? 정조는 왕권 강화를 위한 새로운 정치 공간으로서 수원부에 신도시를 건설하여 추후 도성을 옮겨 새로운 정치공간을 만들 필요가 있다고 생각했다. 실세 사대부 때문에 죽음을 당한 정조의 아버지 사도세자의 묘를 수원으로 옮긴 것은 수원 화성을 건립하고, 실세 사대부를 견제하여 왕권 강화 및 실학 융성을 위해서였다.

정조의 이상을 실현하기 위해서는 자기의 뜻을 따라주는 충성스러운 신하, 군사력 그리고 이들을 원만하게 다룰 수 있는 자금이라는 3가지 조건이 필요하였는데, 정조는 수도인 서울에서는 실세 사대부의 세력 때문에 이 3가지 모두를 얻기 어려워 신도시를 건설하는 것이 최선의 방법이라는 결론을 내렸다.

그는 아버지 사도세자의 추모 사업과 연계하여 수원 화성 건립에 들어간다. 수원은 서울과 남쪽을 연결하는 교통의 요지이자, 상업 활동을 위한 도시이며 사도세자의 현륭원(융건릉)이 가까이 있었기 때문이었다.

| 융건릉 |

| 화성 전도 |

수원 화성의 건립은 호위를 엄하게 하려는 것도 아니요, 변란을 막기 위한 것도 아니다. 여기에는 깊은 뜻이 있다. 정조는 '장차 내 뜻이 성취되는 날이 올 것이다(『정조실록』 15년)'라고 말했는데, 윤행임이 쓴 비문에는 초당을 노래당(老來堂)으로, 정자를 미로한정(未老閑亭)이라 이름 붙였다. 노래당은 '늙어서 살 집', 미로한정은 '늙지 않아서 한가롭게 지낼 정자'라는 뜻이다.

| 미로한정 |

| 노래당 |

정조 자신이 와서 살겠다는 의지를 드러낸 말이다. 한양(서울)에서 기득권을 누리던 사대부 세력들은 정조의 의도를 알고, 화성으로 천도하는 날 자신들의 기득권이 언제 실추되어 권력을 내놓아야 할지도 모른다고 두려워하여 정조를 경계하였다고 한다. 정조의 의문의 죽음이 기득권 사대부 세력에 의한 독살이었다는 설도 있다.

정조는 49세에 들어 악성 종기를 앓았는데, 정조가 죽고 난 뒤 정순대비는 어린 순조를 끼고 수렴청정을 하면서 정조의 개혁정치를 모조리 뒤집어 놓고 정조의 충신인 실학파를 몰아내려 무수한 살육을 저질렀다. 만약 정조가 삶이 연장되어 천도를 하고 진정한 개혁정치를 폈다면 조선 말기의 역사는 분명 달라졌을 것이다.

조선의 역사를 살펴보면 왕과 신하가 어우러져 정치를 한 적이 별로 없었던 것 같았다. 왕을 추대한 기득권세력이 권력을 쥐고 왕을 꼭두각시로 만들어 나라를 어지럽게 하고 다른 세력을 견제하여 늘 피바람이 불었던 것 같았다. 조선시대 500년에 태평성대의 시대는 100년도 안 되는 것으로 보아, 내부의 권력 다툼으로 나라 힘이 약해져 수시로 외침을 받고 백성은 궁핍한 생활이 이어졌다.

어려서부터 필자는 생각해보았다. 왜 고구려 시대만 영토가 크고 고구려 멸망 668년 이후, 1345년 동안 이후에는 영토가 줄어들고 외침을 수시로 받았을까? 분명히 우리는 고구려 기질이 있는데 1,000년이 넘는 세월 동안 남의 나라의 눈치를 보며 산 것일까? 백성과 더불어 사는 것이 아니고 기득권세력의 권력 다툼으로 이렇게 된 것 같다. 과거나 지금이나 기득권세력의 권력 다툼은 마찬가지인 것 같다.

수원 화성을 부분적으로만 촬영하다 보니 전체 수원 화성을 알 수가 없었다. 수원 화성 전체 둘레 5,744m를 둘러보리라 다짐하고, 잠을 설쳐대며 새벽 5시 전에 출발하여 화성 행궁 주차장에 새벽 6시쯤 도착하여 카메라를 둘러메고 나섰다. 주차장에 나오면 팔달산 방향으로 보이는 계단을 올라가다 보면 서장대가 눈앞에 나타나는데 새벽 공기를 마시며 계단을 올라가 서장대에서 본 일출은 가히 장관이었다.

수원 화서문, 장안문, 화홍문, 창룡문, 팔달문, 화성 행궁을 둘러보며 8시간 동안 걸으며 촬영하다 보니 오후 2시가 되어 대충 마무리를 지었다. 수원 화성 전체를 둘러보려면 8시간, 자세히 관찰하려면 3~4일 정도 시간을 할애해야 제대로 볼 수 있다. 느낌이 있는 사진을 얻고 싶으면 해가 뜰 무렵이나 해가 질 무렵에 촬영하면 좋은 질감의 사진을 얻을 수 있다.

그전에는 해질 무렵에 들러 촬영하다 보니 부분만 촬영하여 수원 화성의 크기를 가늠하지 못했는데, 크기로 보아 차후 정조가 이곳으로 수도를 옮기려는 의도가 엿보였다.

여기서 잠시 숨을 고르며 해 뜨는 광경을 구경하며 수원 화성 전경을 감상해보자.

수원 화성을 둘러 싼 성벽은 서쪽의 팔달산 정상에서 길게 이어져 내려와 산세를 살려가며 쌓았다. 크게 타원을 그리면서 도시 중심부를 감싸는 형태다. 팔달산 정상에서 산의 능선을 따라 남으로 내려와 남쪽 평탄한 곳에 내천을 지나 동쪽 언덕을 따라 지세를 쫓아간다. 서쪽으로 굴곡을 그리다가 북쪽 내천을 건너 다시 팔달산 정상으로 이어 쌓은 성벽이다. 산성과 평지성의 모습을 두루 갖추고 있는 성벽의 총 둘레는 약 5.4km이다. 이곳을 둘러보며 걸으면 수원 화성의 규모와 서로 다른 아름다운 화성을 크게 느낄 수 있다.

수원 화성에는 북문 장안문, 남문 팔달문, 서문 화서문, 동문 창룡문 4대문이 있는데, 다른 조선 성곽에서 찾아볼 수 없는 각종 방어시설들과 돌과 벽돌을 섞어서 쌓은 점이 화성의 특징이다. 그리고 성문 밖으로 둥글게 겹으로 성벽을 쌓아 성문으로 들어오는 방어기능을 더 추가하였다.

| 삼성 NX200 | F8 | 1/100s | ISO 200 | 노출보정 0 | 초점거리 92mm | TIME 17:09 | 수원 화성 서북포루 |

| 삼성 NX200 | F5.6 | 1/200s | ISO 200 | 노출보정 0 | 초점거리 85mm | TIME 06:57 | 수원 화성 서장대 |

| 삼성 NX200 | F8 | 1/80s | ISO 200 | 노출보정 0 | 초점거리 27mm | TIME 17:04 | 수원 화성 장안문 |

| 삼성 NX200 | F8 | 1/250s | ISO 200 | 노출보정 0 | 초점거리 24mm | TIME 08:30 | 수원 화성 방화수류정 |

그리고 네 군데 성문 외에 5곳에 암문이 있는데 일종의 비밀 출입구로 문이 작게 생겼다. 북수문(화홍문)과 남수문은 아래에 개천이 흐르는데, 특히 북수문(화홍문)은 오른쪽 언덕 위에 방화수류정이라는 누각을 올려 이곳에서 바라보면 개천과 연못 그리고 주변 성곽이 한눈에 바라다보여 이곳에서 풍류를 즐겼다고 한다.

수원 화성은 역사가 불과 200년밖에 되지 않았지만 성곽의 건축물들이 동일한 것 없이 제각기 다른 예술적 가치를 지녔다. 또한 길이 5.7km에 성문, 누대 등 40여 개의 시설물을 갖춘 조선시대의 성곽 수원 화성. 보호와 방어용도를 넘어 동양 성곽의 웅장함과 서양 성의 화려함, 실용성을 고루 갖추고 건축미가 빼어나다. 그래서인지 달빛 아래서 촬영은 수원 화성이 더욱 아름답게 보이는 것 같다.

수원 화성에는 늦은 시간까지 관광객들에게 아름다운 건축물을 볼 수 있도록 많은 조명기구를 설치해 두고 있다. 이런 조명들은 낮과는 또 다른 수원 화성의 모습을 만들기에 충분하다. 은은한 색의 조명과 수원 화성이 가지고 있는 기둥과 처마의 색상이 아름답게 빛을 내기 때문이다. 빛이 있기는 하지만 야간에 이루어지는 촬영이기 때문에 삼각대 없이 촬영할 경우 셔터속도가 어느 정도 확보될 수 있도록 ISO를 높여주는 것이 좋다. 입자가 거칠어져 확대해보면 입자 깨짐 현상이 보이므로 삼각대를 놓고 ISO를 최대한 낮춰주고 조리개를 조여주고 촬영하면 입자가 깨끗하고 빛이 갈라지는 사진을 얻을 수 있다. 그리고 배경과 상반되는 밝은 조명으로 주된 피사체가 너무 밝게 표현이 되므로 필자는 LCD를 보면서 노출을 언더로 조정해서 촬영한다.

| 삼성 NX200 | F11 | 13s | ISO 100 | 노출보정 −1.6 | 초점거리 36mm | TIME 20:53 | 수원 화성 동북공심돈 |

Tip 야경촬영에서 주의할 점

야경촬영 시 흔들림을 제어할 수 있도록 삼각대는 필수 장비이다. 야경촬영은 대부분 조명 빛에 의해서 촬영되는데 조명마다 빛의 밝기가 다르므로 LCD를 보면서 적정 노출을 맞추어 주며 촬영한다.

수원 화성에는 사대문을 비롯해 총 48개의 시설물이 있는데 그 가운데 중요 시설물의 명칭과 특징은 다음과 같다.

팔달문

팔달문(보물 제402호)은 수원성의 남문으로 규모와 형태면에서 장안문과 거의 같다. 모양이 독을 반으로 쪼갠 것과 같다고 하여 항아리 옹자를 넣어 '옹성'이라고 하였다고 한다. 옹성벽에 반복되는 세로줄은 현안으로 짙은 그림자를 남기는 세로줄이 강하게 그어져 강렬한 인상을 남긴다.

장안문과 함께 팔달문은 일직선상에 놓이도록 하였는데 이는 『화성성역의궤』에 의하면 "이제는 사통하고 팔달한다는 뜻을 따서 일직선상에 놓이도록 하였다"고 하여 수원성이 단지 성안을 지키기 위해서만이 아니라 사방팔방으로 길이 열리고 뚫리는 개방적인 성임을 알 수 있다.

| 팔달문 |

168

남포루

남포루는 성벽의 일부를 밖으로 돌출시켜 치성과 유사하게 하면서 내부를 공심돈과 같이 비워 그
안에 화포를 감추어 두었다가 적을 공격하도록 만든 것이다.

| 삼성 NX200 | F5.6 | 1/160s | ISO 200 | 노출보정 0 | 초점거리 30mm | TIME 15:33 | 수원 화성 남포루 |

| 삼성 NX200 | F9 | 1/125s | ISO 200 | 노출보정 0 | 초점거리 30mm | TIME 15:36 | 수원 화성 남포루 |

| 파나소닉 G3 | F9 | 1/100s | ISO 160 | 노출보정 0
| 초점거리 14mm | TIME 15:39 | 수원 화성 서남암문

| 파나소닉 G3 | F9 | 1/100s | ISO 160 | 노출보정 0
| 초점거리 30mm | TIME 15:42 | 수원 화성 서남암문

암문에는 일반적으로 위에 건물을 세우지 않는데 서남암문에는 포사를 세웠다. 이곳은 팔달산 한 쪽의 높은 곳으로 서남방향 중 가장 조망이 좋은 곳이므로 적을 감시하는 데 유리하므로 특별히 시설한 것이다.

수원성에는 포루가 5곳에 설치되었다. 포루는 다산 정약용이 수원성을 계획할 때 가장 강조한 방어시설 중 하나이다.

| 파나소닉 G3 | F9 | 1/200s | ISO 160 | 노출보정 0 | 초점거리 30mm | TIME 15:52 | 수원 화성 서포루 |

| 서포루 뒷담 | 삼성 NX200 | F5.6 | 1/160s | ISO 200 | 노출보정 0 | 초점거리 30mm | TIME 15:59 | 수원 화성 서포루 |

서장대

서장대는 팔달산의 꼭대기에 있어서 사방이 잘 보이는 곳으로 장수가 좌정하여 군사를 지휘하는 장소이다. 노대는 팔각으로 되어 각 방위를 알려주며, 전쟁 시에는 서장대를 방어하기 위하여 쇠뇌를 발사하도록 되어 있었다.

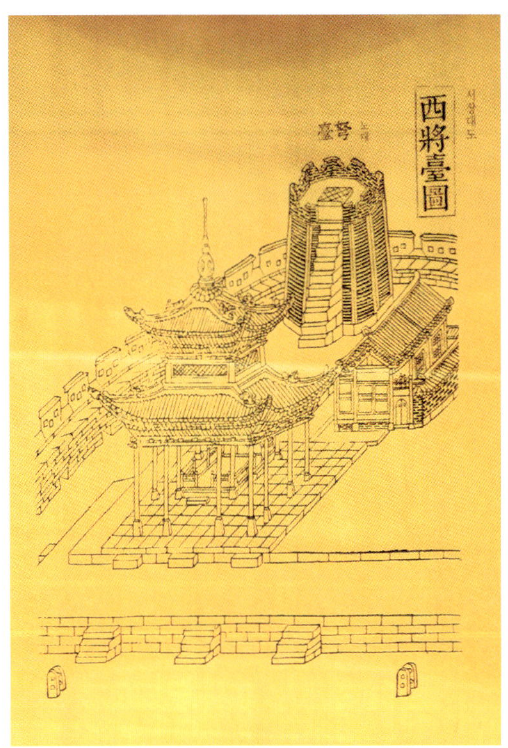

| 서장대도 |

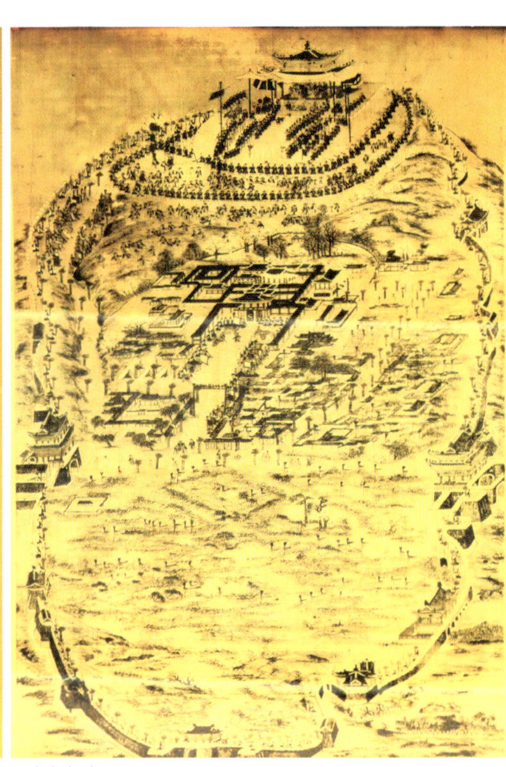

| 서장대 성조도 |

삼성 NX200 | F9 | 1/200s | ISO 200 | 노출보정 0 | 초점거리 30mm | TIME 16:18 | 수원 화성 서장대

화성행궁–서장대에서 아래를 내려다보면 화성 행궁이 한눈에 보인다.

서노대

노대란 바깥이 잘 내다보이는 성안 높은 곳에 대를 설치해 놓고 성 밖 동정을 살피다가 바깥의 움직임에 어떤 변화가 보일 때 이를 깃발 신호를 통해 성안에 전달하기 위해 만든 시설로 서노대는 팔달산 정상에 위치하며 근처에 서장대가 있다.

176

서북각루

각루는 본디 성의 네 모서리에 누각을 세워서 사방을 관찰하기 위한 시설로 수원성은 지형의 특성을 잘 살린 성곽이므로 지세를 살펴 각루의 효과가 가장 큰 곳-동북, 서북, 동남에 지었다. 서북각루는 화서문 바로 남쪽에 위치하고 있는데 벽돌로 담을 둘러치고 온돌을 설치하여 군사가 있게 하였다.

화서문

화서문(보물 제403호)은 수원성의 서문으로 북서쪽에 치우쳐 있다. 창룡문과 함께 화서문은 장안문이나 팔달문보다 격을 한 단계 낮춘 것으로 팔작지붕에 익공식 공포, 문루도 정면 3칸에 단층건물이다.

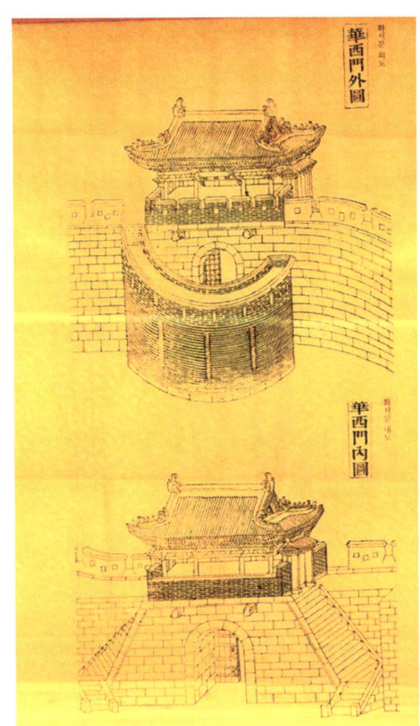

| 화서문 |

| 삼성 NX200 | F8 | 1/30s | ISO 800 | 노출보정 0 | 초점거리 24mm | TIME 17:30 | 수원 화성 화서문 |

| 삼성 NX200 | F8 | 1/80s | ISO 200 | 노출보정 0 | 초점거리 24mm | TIME 07:18 | 수원 화성 화서문 |

| 삼성 NX200 | F4 | 1/60s | ISO 200 | 노출보정 0 | 초점거리 24mm | TIME 17:36 | 수원 화성 화서문 |

서북공심돈

서북공심돈은 우리나라에서 유일하게 만들어진 예로 수원 화성을 다른 성과 차별화하고 수원성 축조를 주도한 18세기 지식인들의 정신세계를 가장 상징적으로 대변하는 건물이다. 위아래에 구멍을 많이 뚫어서 바깥 동정을 살피며 불랑기 등을 발사하는 곳이다.

| 서북공심돈 |

| 서북공심돈 |

| 삼성 NX200 | F8 | 1/125s | ISO 200 | 노출보정 0 | 초점거리 24mm | TIME 07:38 | 수원 화성 서북공심돈 |

서북포루

서북포루는 장안문 가까이에 위치한다. 포루에는 좁은 구멍을 내어 밖에서는 안으로 공격할 수 없

게 하고 안에서는 밖을 향해 포나 총을 쓸 수 있도록 총안과 포혈을 만들었다.

| 삼성 NX200 | F8 | 1/80s | ISO 200 | 노출보정 0 | 초점거리 92mm | TIME 17:14 | 수원 화성 서북포루 |

| 삼성 NX200 | F8 | 1/160s | ISO 200 | 노출보정 0 |
초점거리 24mm | TIME 07:48 | 수원 화성 서북포루 |

| 삼성 NX200 | F8 | 1/250s | ISO 200 | 노출보정 0 |
초점거리 24mm | TIME 07:48 | 수원 화성 서북포루 |

장안문

장안문은 수원성의 북문으로 서울을 향하고 있다. 수원 화성의 대표적인 것은 장안문과 팔달문인 것 같다. 수원 화성을 가면 항상 장안공원에서 내려 장안문을 거쳐 화성 행궁을 가서 그런지 팔달문보다 장안문이 정감이 가는 것 같다. 반원형의 옹성을 쌓은 모습은 조선의 다른 성문과 비교가 되어 이곳에 한참 머물게 한다.

장안문은 수원성의 북문으로 서울을 바라보고 있다.

| 장안문

| 북동적대

| 삼성 NX200 | F8 | 1/100s | ISO 200 | 노출보정 0 | 초점거리 30mm | TIME 17:02 | 수원 화성 장안문 |

삼성 NX200 | F8 | 1/80s | ISO 200 | 노출보정 0
초점거리 24mm | TIME 17:06 | 수원 화성 장안문 광장

장안문 내부 | 삼성 NX200 | F8 | 1/15s | ISO 200 | 노출보정 0
초점거리 27mm | TIME 07:58 | 수원 화성 장안문

삼성 NX200 | F8 | 1/100s | ISO 200 | 노출보정 0
초점거리 24mm | TIME 07:56 | 수원 화성 장안문

삼성 NX200 | F8 | 1/100s | ISO 200 | 노출보정 0
초점거리 24mm | TIME 17:22 | 수원 화성 장안문 담벽

화홍문

황홍문은 흐르는 하천에 홍예문 7개를 만들어 물이 흐르게 하고 그 위에 누각을 세운 독특한 성문
이어서 사진작가에게 많이 알려진 유명한 장소이다. 그래서인지 촬영 포인트 장소가 별도로 표시
되어 있는 것을 볼 수가 있었다.

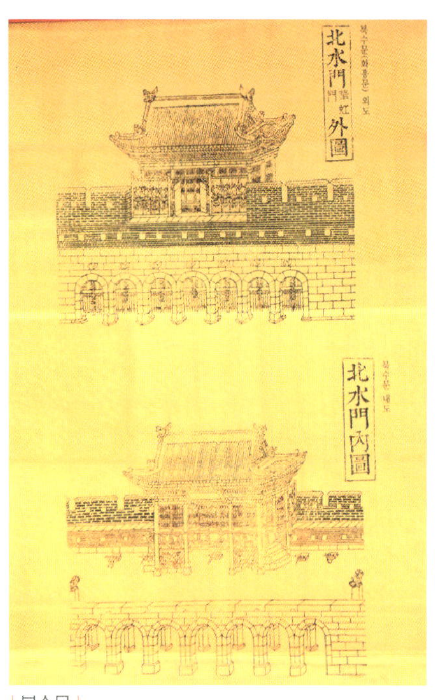

| 북수문 |

| 삼성 NX200 | F8 | 1/80s | ISO 200 | 노출보정 0
| 초점거리 24mm | TIME 08:06 | 수원 화성 화홍문 내부 |

| 삼성 NX200 | F8 | 1/100s | ISO 200 | 노출보정 0 | 초점거리 24mm | TIME 18:06 | 수원 화성 화홍문 |

| 올림푸스PL2 | F5.6 | 1/5s | ISO 800 | 노출보정 0 | 초점거리 14mm | TIME 19:08 | 수원 화성 화홍문 |

방화수류정

방화수류정이란 '꽃을 찾고 버들을 쫓는 정자'라는 뜻으로 각루의 기능을 생각하면 어울리지 않
는 이름이다. 그러나 이곳의 원래 이름이 '동북각루'로 되어 있는 것에서 알 수 있듯이 절벽 아래
의 용연과 주변경관과의 어울림이 뛰어나고, 조선시대 정자건물에서 경치 또한 매우 좋은 곳으로
휴식처일 뿐만 아니라 유사시에는 적의 동태를 살피는 감시하기 적합한 곳이다.

| 삼성 NX200 | F8 | 1/60s | ISO 200 | 노출보정 0 | 초점거리 64mm | TIME 18:11 | 수원 화성 방화수류정 |

용연

꽃을 찾고 버들을 좇는다는 방화수류정에서 정자 아래쪽 절벽 끝에 조성된 용연의 반달처럼 휘어진 연못 한가운데 작은 섬이 어울려 만들어 주는 아름다운 경관은 달빛을 따라 선녀가 하강하는 듯한 환상에 잠기게 한다. 방화수류정의 그림자가 용지 수면에 떠오르면 무아경에 빠지게 되는데, 이때 수면에 오른 달을 바라보며 정자에서 마시는 술맛의 취흥은 얼마나 도도하랴.

동북포루

동북포루는 '각건대'라고 부르기도 하는데, 방화수류정 동쪽으로 지세가 갑자기 높아져서 용두를
굽어보는 곳에 위치하였다.

파나소닉G3 | F8 | 1/60s | ISO 160 | 노출보정 0
초점거리 14mm | TIME 18:27 | 수원 화성 동북포루

삼성 NX200 | F8 | 1/6s | ISO 800 | 노출보정 0
초점거리 27mm | TIME 18:46 | 수원 화성 동북포루

파나소닉G3 | F8 | 1/160s | ISO 160 | 노출보정 0
초점거리 24mm | TIME 18:25 | 수원 화성 동북포루

삼성 NX200 | F8 | 1/60s | ISO 200 | 노출보정 0 |
초점거리 24mm | TIME 08:37 | 수원 화성 동암문 |

삼성 NX200 | F8 | 1/80s | ISO 200 | 노출보정 0 |
초점거리 24mm | TIME 08:37 | 수원 화성 동암문 |

동장대

수원성의 군사시설 중 가장 위용이 있고 군사지휘소의 으뜸이 되는 곳이다. 평상시 군사들을 훈련하고 지휘하는 장대이다. 현재 동장대 앞은 수원 시내의 대표적인 활터로 쓰이고 있다.

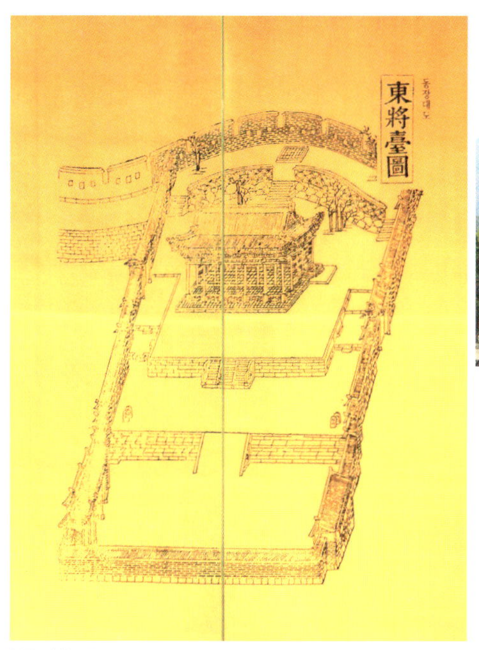

| 동장대도 |

군사들의 훈련장으로 쓰기 위하여 만들어 놓은 연병장의 지휘본부이다. 동장대가 위치한 곳은 등성이가 높이 솟았다. 높은 데 올라와서 둘러보면 주변이 환하게 보인다.

불랑기는 서양에서 만든 화포로 몸체가 큰 1호부터 작은 5호까지 구분이 되는데 위의 사진 불랑기는 작은 5호이다. 몸체 길이 72cm, 총구멍 9.5cm로 휴대하기 편하고 연속 사격이 가능해 임진왜란 이후 육전과 해전에서도 위력을 발휘해 조선 제일의 화기로 평가받았다.

| 동장대 불랑기 |

| 동장대 투석 |

동북공심돈

'소라각'으로도 불리는 공심돈은 전시에 사용되는 관측소로서 위아래에 구멍을 많이 뚫어서 바깥 동정을 살필 수 있을 뿐 아니라, 총포를 쏠 수 있게 만들어져 있다. 성벽 상부에 3층 구조를 이루고 있는데 아래층에는 군사들이 몸을 가리게 되어 있다.

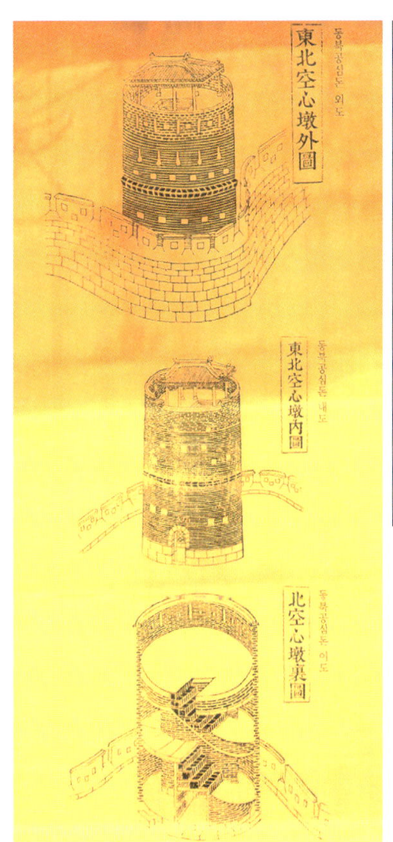

동북공심돈

| 삼성 NX200 | F5.6 | 1/5s | ISO 800 | 노출보정 0
| 초점거리 27mm | TIME 08:55 | 수원 화성 동북공심돈 |

| 삼성 NX200 | F8 | 1/100s | ISO 200 | 노출보정 0
| 초점거리 24mm | TIME 08:51 | 수원 화성 동북공심돈

| 삼성 NX200 | F8 | 1/80s | ISO 200 | 노출보정 0
| 초점거리 24mm | TIME 08:54 | 수원 화성 동북공심돈

동북공심돈 3층 망루에서 보면 서장대에서 보는 수
원 화성 전경보다 못하지만 다른 곳에서 보는 전
경보다 넓게 관망할 수 있다.

| 삼성 NX200 | F8 | 1/500s | ISO 200 | 노출보정 0 | 초점거리 24mm | TIME 08:54 | 수원 화성 동북공심돈

동북노대

노대란 쇠뇌를 쏠 수 있게 만든 곳으로 창룡문과 동북공심돈의 중간에 동북향으로 자리 잡은 동

북노대는 전돌을 쌓아 네모꼴의 대로 만들었는데 모서리를 깎아 모를 없앴다.

창룡문

장안문과 팔달문보다 규모가 작고 번화가에 있지 않지만, 동문인 창룡문에 도착했을 때는 한적하고 아담해서인지 정감이 가는 성문이다.

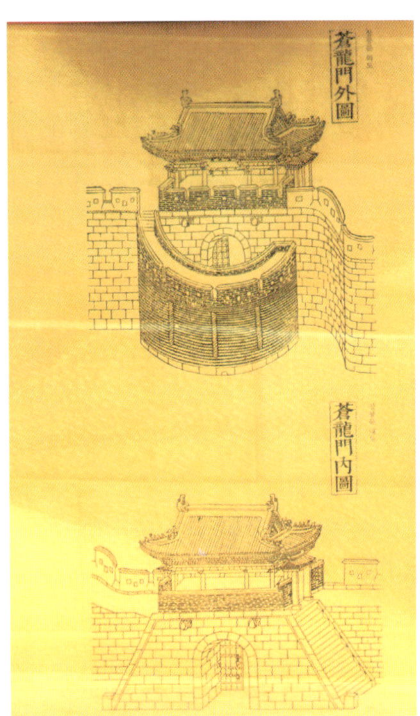

| 창룡문 |

| 삼성 NX200 | F9 | 1/320s | ISO 200 | 노출보정 0 | 초점거리 24mm | TIME 09:05 | 수원 화성 창룡문 |

| 삼성 NX200 | F9 | 1/25s | ISO 200 | 노출보정 0 | 초점거리 24mm | TIME 09:01 | 수원 화성 창룡문 |

삼성 NX200 | F9 | 1/40s | ISO 200 | 노출보정 0 | 초점거리 24mm | TIME 09:03 | 수원 화성 창룡문

동일포루 / 동포루 / 동이포루

포루의 외벽에는 바닥에서부터 수많은 총구멍이 있는 것이 특징이다. 포루의 벽은 적의 포격에 한 번에 부서지지 않도록 모두 벽돌로 꾸몄다.

삼성 NX200 | F9 | 1/160s | ISO 200 | 노출보정 0 | 초점거리 24mm | TIME 09:15 | 수원 화성 동포루

봉돈

봉돈은 행궁을 지키고 성을 파수하며 주변을 정찰하여 인근에 연기를 피워 알리는 역할을 하는 시설인데, 다섯 개의 연기를 뿜어내는 연기구멍이 갖추어져 있다.

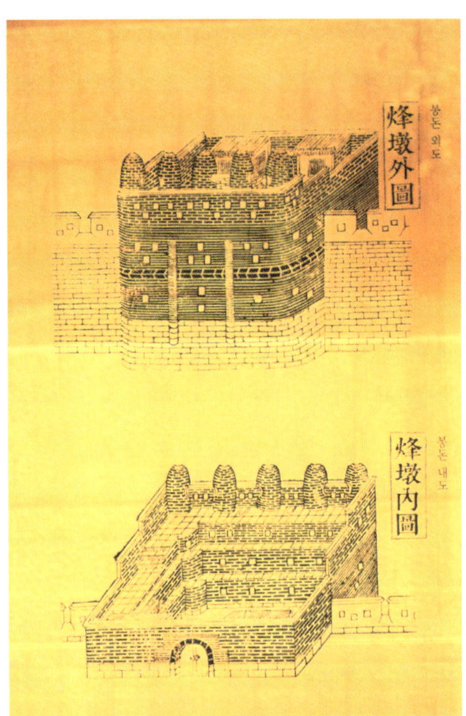

| 봉돈 |

| 파나소닉 G3 | F8 | 1/200s | ISO 160 | 노출보정 0 | 초점거리 14mm | TIME 09:34 | 수원 화성 봉돈 |

| 삼성 NX200 | F11 | 1/50s | ISO 200 | 노출보정 0 | 초점거리 24mm | TIME 09:20 | 수원 화성 봉돈 |

동남각루

동남각루의 위치는 동쪽에서 성벽이 일직선으로 오다가 갑자기 지형이 밑으로 떨어지면서 성벽
이 서쪽으로 꺾이는 곳이다. 가파른 막돌계단이 이를 입증한다. 건물의 방향을 동쪽 성벽과 남쪽
성벽에서 각각 45도 틀어지게 잡았다.

207

| 삼성 NX200 | F9 | 1/30s | ISO 200 | 노출보정 0 | 초점거리 24mm | TIME 09:37 | 수원 화성 동남각루 |

남수문

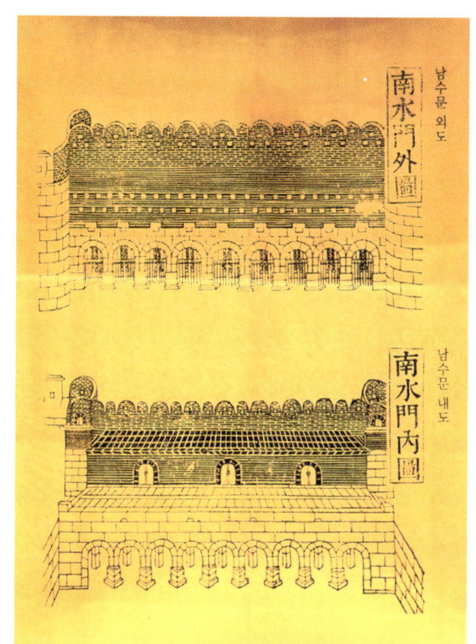

| 남수문 |

남수문은 수원천이 화홍문에서 남쪽으로 흘러 성곽과 다시 만나는 지점에 만들어진 수문인데 1846년, 1922년 홍수로 두 차례 유실되어 일제 강점기 1927년에 전부 철거되었다가 전문가의 고증을 거쳐 2012년 6월에 복원이 되었다고 한다.

| 삼성 NX200 | F8 | 1/320s | ISO 200 | 노출보정 0 | 초점거리 24mm | TIME 09:42 | 수원 화성 남수문 |

수원 화성 행궁을 감상하다

| 화성 행궁 전면도 |

| 화성 행궁 입체도 |

| 화성 행궁 |

화성 행궁을 한눈에 보려면 팔달산에 있는 서장대를 가면 된다. 행궁은 왕이 거처하는 본궁을 떠나 임시 거처하는 곳으로 화성 행궁은 정조의 아버지 사도세자가 묻혀있는 현륭원에 참배하기 위하여 대궐 밖으로 거동할 때 머물던 임시 처소로 사용하였는데, 평상시에는 부사가 집무하는 관청으로도 활용하였다.

정조 13년 10월에 현재 동대문구 휘경동인 양주 배봉산 아래의 언덕에 정조의 아버지 사도세자가 안장되었던 것을 수원 화성 현륭원으로 옮기고부터 정조 24년 1월까지 12년간 13차례에 걸쳐 아버지의 묘가 있는 현륭원 참배를 정기적으로 행하였는데 아버지에 대한 효성이 지극했던 것 같다.

이때마다 정조는 화성 행궁에 머물면서 여러 가지 행사를 거행하였고, 정조가 승하한 뒤 순조 1년(1801년) 행궁 곁에 화령전을 건립하여 정조 얼굴을 그린 화상을 모셔 두어 차후 순조·헌종·고종 등 역대 왕들이 화성 행궁을 찾아 이곳에 머물렀다고 기록되어 있다.

따라서 화성 행궁은 조선시대에 건립된 수많은 행궁 중 정조가 노후에 내려와 보내기 위해 그 규모면에서 단연 으뜸이 될 만큼 576칸의 건축물을 완성하고 성곽과 더불어 정치적·군사적 면에서 큰 의미를 갖고 있는 것이다.

정조 때 최대의 역사였던 화성 성역은 1차적으로 화산의 현륭원 호위와 팔달산 정상 바로 아래 성내 중심부에 건립된 행궁 수호를 중요 목적으로 설립된 것임을 알 수 있다. 이것은 화성 행궁이 성곽과 더불어 단순한 건축조형물이 아니라, 개혁적인 계몽 군주 정조가 지향하던 왕권강화정책의 상징물로서 정치적·군사적인 큰 의미를 지닌다는 것을 의미한다.

화성 행궁은 처음부터 별도의 독립된 건물로 일시에 건축된 것이 아니라 행궁과 수원부 신읍치의 관아건물을 확장·증축하는 가운데 조성되었다. 화성 행궁은 화성 축조가 완공되는 것과 때를 같이하여 576칸 규모의 웅장한 건물이 되었다. 행궁은 평상시에는 수원부사가 집무하는 지방행정의 관아로 사용하다가 왕의 행차 시에는 왕의 거처로 이용되었다. 다른 지방의 행궁보다 그 규모나 건축구조·기능면에서 단연 뛰어나고 웅장하게 건축된 것이 특징이다.

화성 행궁 이외에도 서울 궁궐에서 현륭원에 가기 전 왕이 거처하는 행궁이 건립되었는데, 과천 행궁·사근참 행궁, 시흥 행궁(114칸), 안양 행궁, 안산 행궁 등이 그것이다. 그러나 이들 과천·시흥·안양·안산·사근참 등 건축된 행궁은 왕이 지나가는 길에 잠시 쉬어가는 거처에 불과했고, 그 규모와 활용 면에서도 화성 행궁과 비교가 안 될 정도였다.

화성 행궁은 일제 강점기에 의도적으로 파괴되어 그 터에 경기도립병원, 신풍초등학교, 수원경찰서등이 세워졌고 낙남헌, 노래당 건물이 신풍초등학교 운동장 귀퉁이에 있었는데 1996년부터 화성행궁 복원공사를 하여 2002년에 복원 완료하였다. 화성 행궁은 홍살문을 지나면 정문인 신풍루가 나오는데, 매표소에서 입장료 1,500원을 내면 화성 행궁을 관람할 수 있다.

정문 신풍루를 지나가면 특이한 것이 대문이 두 개 있는데, 좌익문과 중앙문을 지나가면 행궁의 가장 중요한 건물 정전이며 정조가 수원 행차 시 머물렀던 봉수당이 보인다.

| 좌익문 |

| 중앙문 |

| 신풍루 |

| 신풍루 |

봉수당은 '만년의 수를 받들어 빈다'는 뜻으로 정조가 혜경궁 홍씨(헌경왕후)의 장수를 기원하며 건립한 건물로 1795년(정조 19년) 헌경왕후의 회갑연이 이곳에서 거행되었다고 한다.

봉수당 안에는 정조대왕이 화성 행궁 행차 시 신하를 접견하고 쉬던 곳을 연출해 놓아 당시 상황을 이해하기 쉽게 해놓았다. 원래는 유어택에서 신하를 접견하고 쉬던 장소이나 관람이 편하도록 봉수당에 연출하였다.

정조의 어머니 혜경궁 홍씨 회갑연을 연출한 공간으로 회갑연의 화려함을 보여준다. 봉수당을 끼고 좌측으로 가면 장락당이 나온다. 정조는 순조에게 왕위를 물려주고 어머니인 혜경궁 홍씨를 모시고 수원에서 머물 때를 위해 화성 축성 시 새로 지은 건물로 장락당과 봉수당 두 건물이 서로 통하게 만들었는데 조선시대 다른 건물에서 찾기 어려운 독특한 구조이다.

장락당에서 봉수당으로 길게 이어진 복도는 한옥의 풍미를 은밀히 느껴 볼 수 있는 풍경이라 촬영소재로 좋은 장소이다. 장락당 좌측으로 가면 복내당이 나오는데, 행궁의 내당으로 평상시에는 화성 유수의 가족들이 거처하던 곳이다.

복내당 아래로 가면 유여택이 나오는데, 평상시에는 화성 유수가 거처로 사용하다가 임금이 행차하면 잠시 머물면서 신하를 접견하는 곳으로 사용되던 곳이다.

拱宸樓
維興宅

壯南

유여택 뜰에는 앙부일구 해시계가 설치되어 있는데, 세종 16년에 처음 만들어진 가마솥 모양의 해시계가 있는데 북극을 향한 영침의 그림자에 따라 시각과 계절을 알 수 있도록 만들어졌다.

유여택 아래로 내려가면 외정리소가 나오는데, 정조를 비롯하여 역대 임금이 행차 시 화성 행궁의 행사를 담당하던 관청으로 행사준비를 위해 기물을 기록하고 정리하던 곳이 나온다.

외정리소 아래로 가면 비장청이 나온다. 임금이 행차 시 감사, 유수, 병사, 수사 등 임금을 따라오
는 관원을 비장이라고 하는데, 이곳을 잠시 머무는 거처로 사용했던 곳이다.

비장청 아래로 가면 서리청이 나오는데, 이곳은 문서의 기록, 수령, 발급을 담당하는 건물로 사용
되었다.

서리청 아래로 가면 남군영이 나오는데, 기마병이었던 친군위가 좌우배열로 남군영과 북군영에
각 100명씩 행궁에 들어가 차례로 숙직하면서 왕을 지키던 곳이다.

정문 신풍루를 지나자마자 우측에 집사청이 나오는데, 행궁의 잡다한 업무를 보기 위해 사용되었
던 건물이다.

봉수당 좌측 위를 보면 노래당, 득중정, 낙남헌이 보인다. 노래당은 정조가 나이 들어 묵을 거처로 만든 곳으로 아담하게 건축되어 정조의 서민적 대왕을 느끼게 한다.

노래당 옆에는 득중정이 있는데 정조가 행차 시 이곳에서 매번 활쏘기를 하였다고 한다.

득중정 우측에는 낙남헌이라는 각종 행사를 할 수 있도록 커다란 공간이 있는데, 화성 행궁 부속 건물 중에서 파괴되지 않고 본래의 모습을 그대로 유지한 유일한 건물이다. 정조는 순조에게 왕의 계승 후에 노래당에 묵으며 낙남헌에서 즐기려고 했던 것 같다.

| 낙남헌 |

| 낙남헌 |

수원 행성은 평지이나 뒤편을 가면 행궁 후원이 자그마한 언덕에 내포사와 미로한정이 있다. 미로
한정에 정조가 나중에 늙어서 한적하게 쉴 곳 육각정자를 건축하였는데, 미로한정에서 내려다보
는 화성 행궁은 서장대에서 보는 것과 차이가 보인다.

| 미로한정 |

| 미로한정 |

| 미로한정 뷰어 |

| 미로한정 뷰어 |

미로한정에서 내려오다 보면 내포사가 보이는데, 화성 행궁의 후원 높은 곳에 설치되어 화성 행궁 밖에서 알려주는 신호를 받아 깃발을 흔들거나 목어를 쳐서 방어태세를 갖추도록 하던 곳이다.

| 내포사 |

| 내포사 |

내포사에서 숲길 따라 내려오다 보면 화령전이 보인다. 이곳은 화성 행궁이 아니고, 1800년 6월 28일 정조대왕이 돌아가신 다음 어진(초상화)을 봉안하기 위해 만든 곳이다.

정조대왕의 어진을 모신 수원 화령전은 정조의 효심과 유덕을 기리기 위해 정조의 아들 순조가 1801년에 세운 전각으로 정조의 어진을 봉안하고 있다. 화령전은 정조의 어진을 모신 운한각과 전사청, 제정, 정조의 어진을 옮길 이안청, 재실인 풍화당, 북측 협문, 동측 협문, 복도각, 외삼문으로 되어 있다.

| 화령전 |

| 화령전 |

정조대왕의 초상화가 평생 세 차례 그려졌다고 하는데, 화령전 안 운한각에는 융복을 입은 초상화가 모셔져 있다. 정조의 아들 순조가 화성에 묻힌 선왕 정조에게 가기 전 잠시 문안을 드렸던 전각이다. 이곳에는 정조의 초상화를 모시는 정전 운한각과 화재와 같은 만약에 사태를 대비하여 정조의 어진을 임시로 옮겨 모실 수 있는 이안청이 있다. 그래서 운학각과 이안청은 복도로 연결되어 다닐 수 있게 되어 있다.

운한각

이안청은 재실로서 제향이 있을 때 제를 올리는 사람이 미리 와서 머무는 건물로 풍화는 사회의
풍속과 기강을 교화시킨다는 의미이다.

| 전사청 |

| 제정 |

| 제정 |

화령전 제사를 담당하고 업무를 보는 전사청과 제례에 사용할 정화수를 뜨는 우물 제정이 있다.

수원 화성 관람안내

관람시간	
하절기 (3월 ~ 10월)	09:00 ~ 18:00
동절기 (11월 ~ 2월)	09:00 ~ 17:00

요금표			
구분	어린이	청소년 및 군인	어른
개인	500원	700원	1,000원
단체 (20인 이상)	300원	500원	700원

※ 관람료 면제 대상 : 만 6세 이하의 미취학 아동, 만 65세 이상 또는 장애인 수첩 소지자

화성 행궁 관람안내

관람시간	
하절기 (3월 ~ 10월)	09:00 ~ 18:00
동절기 (11월 ~ 2월)	09:00 ~ 17:00

요금표			
구분	어린이	청소년 및 군인	어른
개인	700원	1,000원	1,500원
단체 (20인 이상)	500원	800원	1,200원

※ 관람료 면제 대상 : 만 6세 이하의 미취학 아동, 만 65세 이상 또는 장애인 수첩 소지자

통합 관람안내

- 수원 화성, 화성 행궁, 수원박물관, 수원 화성박물관 4종 매표
- 매월 첫 주 월요일은 박물관 휴무로 통합관람권 발매 불가

요금표						
	통합 매표 시			개별 매표 시		
구분	어린이	청소년 및 군인	어른	어린이	청소년 및 군인	어른
개인	600원	2,000원	3,500원	1,200원	3,800원	6,500원
단체 (20인 이상)	400원	1,200원	2,000원	800원	2,300원	3,900원

조선 왕과 왕비의 안식처 조선 왕릉

제4장

갤러리

왜 조선 왕릉이 유네스코에 지정되었을까?

2009년 6월 30일, 스페인 세비야에서 열린 제33차 세계유산위원회에서 '조선 왕릉' 40기 전체는 유네스코 세계유산(문화유산)으로 등재되었다. 조선 왕릉이 풍수지리사상을 바탕으로 조영되었으며, 엄격한 질서에 따라 내부 공간을 구성하면서도 아름다운 주변 산세와 어우러져 주목할 만한 신성한 공간을 창출하였고, 봉분과 조각, 건축물들이 전체적으로 조화를 이룬 탁월한 사례로 동아시아 묘제의 중요한 발전단계를 보여준다고 평가했다. 또 조선시대부터 오늘날까지 600년 이상 제례의식을 거행하면서 살아있는 전통을 간직하고 있는 독특한 공간이라는 점도 높이 평가했다.

| 삼성NX200 | F9 | 1/400s | ISO 200 | 노출보정 0 | 초점거리 24mm | TIME 07:13 | 서오릉 |

조선 왕릉의 등재로 한국의 세계유산은 문화유산 9점. 자연유산 1점 등 총 10점으로 늘어났다. 그리고 조선 왕릉은 한 군데에 있는 것이 여러 군데로 분포되어 있어 관람시간과 관람요금이 다르다. 어느 능은 오전 6시에 관람이 가능하고, 어느 능은 오전 9시부터 관람이 가능해 능별 입장시간과 요금을 별첨에 첨부한다. 필자는 월요일 수원 화성을 촬영하고, 정조와 사도세자가 묻힌 융건릉에 갔다가 휴관하여 발길을 돌린 적이 있다.

Tip 각 능별 입장시간 및 요금

위치	휴관일	관람시간			관람요금		대중교통
		2~5월 9~10월	6~8월	11~1월	만 19세~64세	단체 (10인 이상)	
광릉	월요일	09:00~18:00	09:00~18:30	09:00~17:30	1,000원	800원	1호선(의정부역)
동구릉	월요일	06:00~18:00	06:00~18:30	06:30~17:30	1,000원	800원	중앙선(구리역)
사릉	월요일	09:00~18:00(시범 공개)			무료		경춘선(금곡역)
서오릉	월요일	06:00~18:00	06:00~18:30	06:00~17:30	1,000원	800원	3호선(녹번역) 6호선(구산역)
영릉	월요일	09:00~18:00	09:00~18:30	09:00~17:30	1,000원	400원	52-2, 52-6, 54-2
융릉	월요일	09:00~18:00	09:00~18:30	09:00~17:30	500원	800원	1호선(병점역)
의릉	월요일	09:00~18:00	09:00~18:30	09:00~17:30	1,000원	800원	1호선(신이문역) 6호선(돌곶이역)
장릉	월요일	06:00~18:00	06:00~18:30	06:00~17:30	1,000원	800원	5호선(송정역)
정릉	월요일	06:00~18:00	06:00~18:30	06:00~17:30	1,000원	800원	4호선 (성신여대입구역)
태릉	월요일	09:00~18:00	09:00·18:30	09:00~17:30	1,000원	800원	1·6호선(석계역) 6·7호선 (태릉입구역) 6호선(화랑대역)
파주 삼릉	월요일	09:00~18:00	09:00~18:30	09:00~17:30	1,000원	800원	3호선(구파발역)
헌릉	월요일	09:00~18:00	09:00~18:30	09:00~17:30	1,000원	800원	2호선(강남역) 3호선(양재역)
홍유릉	월요일	09:00~18:00	09:00~18:30	09:00~17:30	1,000원	800원	경춘선(금곡역)
선릉	월요일	3~10월 → 06:00~21:00 11~2월 → 06:30~21:00			1,000원	800원	2호선(선릉역)

조선 왕릉은 조선왕조의 독특한 장묘 문화를 잘 나타내주고 있다. 이 당시 조선왕조의 세계관, 종교관 및 자연관을 바탕으로 타 유교 문화권 왕릉들과는 다른 형태를 띠고 있는 것이 특징이다. 또한 500년 이상 존속한 조선왕조를 대표하는 건축양식이다. 당대의 시대적 사상과 정치사뿐만 아니라, 조선시대의 예술적 독창성이 뚜렷이 나타나 있다.

또한 조선 왕릉에서는 세기를 걸쳐서 제례의식을 지속시켜 왔다. 1910년 조선왕조가 막을 내린 이후부터는 전주 이씨 종약원으로 인해 현재까지 왕릉 제례가 지속되어 오고 있다. 이 외에 국가 제례가 정기적으로 이어지고, 종묘 또한 설립되었다. 조선 왕릉은 조선시대에 강조되었던 조상 숭배의 전통문화가 이어져 볼 수 있는 아주 중요한 역할을 한 것이다.

236

그곳에 잠들다

조선 왕릉의 위치 기준

조선 왕릉은 『경국대전』에서 도성 사대문에서 80리 안에 매장해야 한다고 명시되어 있는데, 나라에 변고가 생길 경우 왕이 가장 먼저 왕궁을 장악해야 하기 때문에 능제를 지낸 왕들이 하루면 도착할 수 있는 거리를 계산하여 80리로 정했던 것 같다. 예외인 경우가 있는데 거기엔 그럴 수밖에 없는 역사가 있다.

조선왕조는 1392년에 고려 왕조가 끝난 이후 시작되어 500년 이상의 지속된 역사를 지녔다. 조선 왕조 시대에 있었던 총 27대 왕과 왕비 및 추촌된 왕과 왕비의 무덤을 일컬어 조선 왕릉이라 한다. 조선 왕릉의 위치는 지형적으로 명당이면서 법궁과 접근성이 좋아야 했다. 이는 실존의 왕들이 돌아가신 선왕의 능을 자주 참배하고자 하는 효심에서 비롯된 것으로 한양으로부터 약 4~40km 사이에 여러 가지 요소를 고려하여 최고의 명당을 선정하였다. 조선 왕릉의 지형은 지세가 뒤로는 산을 등지고 있는 배산임수를 기본으로 산허리에 봉분을 두고, 두 산맥이 좌우로 감싸 봉분 맞은편에 마주하는 산이 있어야 왕릉의 명당이라 여겼다.

조선 왕릉 조성은 산릉도감에서 업무를 분담하여 조성하였는데, 봉분은 삼물소에서 정자각과 비각, 제실 등 건물은 조성서에서 석물 조영은 대부석소에서 맡아 왕릉을 만들었다.

왕릉 조성에는 전국 각지에서 모집한 사람들이 투입되었는데, 규모에 따라 2,000~5,000명까지 투입이 되었다. 조선 왕릉이 조성된 구역은 신성한 곳으로 왕릉 가까이 있는 일반 무덤은 이장하여 일반인의 출입을 금지하여 보호하였다.

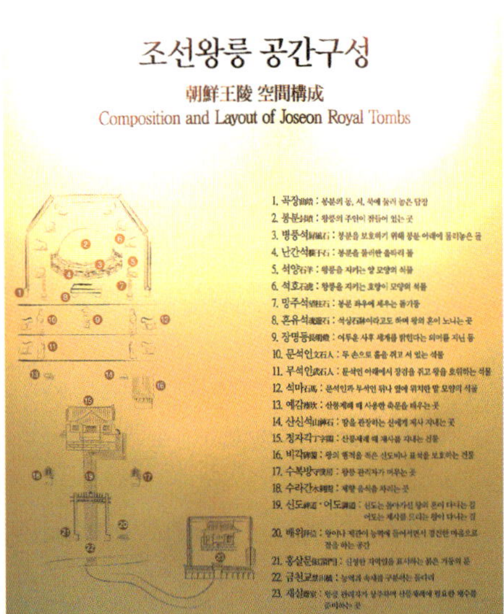

◆◆ 조선 왕릉을 만든 이유

조선 왕릉은 우리나라의 유교적인 문화 전통이 확고하게 드러나는 문화유산이다. 특히 조선시대 때 강조되었던 '조상숭배'라는 유교적인 개념을 바탕으로 나라의 최고의 권위자로서 왕의 무덤을 신성화하는 전통이 형성되었다. 죽은 왕의 무덤을 웅장하게 만들고 참배함으로써 죽은 왕에 대한 숭배뿐만 아니라, 현재 살아 있는 왕의 권위까지도 더불어 강화시킬 수 있는 수단이었던 것이다.

조선 왕릉은 전체 42기 가운데 북한에 있는 2기를 제외하고 우리나라에 있는 40기 모두가 세계문화유산에 등재되었다. 조선 왕릉 42기를 살펴보면, 폐위된 2명의 왕의 무덤은 포함되지 않았다.(제10대 연산군, 제15대 광해군)

조선 왕족의 무덤은 능, 원, 묘로 구분할 수 있다. 먼저 능(陵)은 추존왕, 추존왕비를 포함한 왕과 왕비의 무덤이다. 원(園)은 왕세자와 왕세자비 그리고 왕의 사친(私親, 종실로서 임금의 자리에 오른 임금의 생가 어버이)의 무덤을 일컫는 말이다. 묘(墓)는 왕의 아들, 딸인 대군과 공주, 왕의 서자, 서녀인 군과 옹주, 왕의 첩인 후궁, 귀인 등의 무덤을 말한다.

| 삼성NX200 | F9 | 1/400s | ISO 200 | 노출보정 0 | 초점거리 27mm | TIME 09:13 | 동구릉 |

조선 왕릉은 이러한 유교적 질서에 맞춰서 능역을 조성하였다(능침/성역-제향/성역과 속세가 만나는 공간-진입/속세). 왕릉의 형태는 총 6가지(단릉, 쌍릉, 삼연릉, 동원이강릉, 동원상하봉릉, 합장릉)로 나뉘는데 구분은 봉분의 형태에 따른다.

조선 왕릉이 퍼져있는 지역을 살펴보면 크게 서울 시내와 서울 동쪽, 서쪽으로 나눌 수 있다.

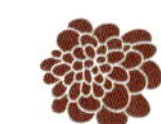

서울 왕릉을 거닐다

새벽에 차를 끌고 오전 6시에 오픈하는 조선 왕릉을 가면 적막이 흐른다. 가끔 산보를 하기 위해 연세 드신 분들이 지나는 것을 볼 수 있다. 빌딩숲에서 살고 있는 필자는 서울과 서울 근교에 이런 곳이 있다는 것이 행운인 것 같다.

작업을 하다 새벽을 넘어 어두움이 가시기 시작하면 창밖을 보고 카메라를 주섬주섬 담아 차를 끌고 한강을 가거나 왕릉 산책을 한다. 새벽의 왕릉 산책은 묘한 느낌이 든다. 적막과 고요! 그리고 커다란 무덤. 커다란 무덤의 소리 없는 화려함.

그런데 커다란 무덤을 보고 이분들은 화려한 생활을 했는데 행복했을까? 나는 지금 화려한 생활을 하고 있지 않는데 행복한가? 많은 생각을 하고 걷게 만드는 조선 왕릉이다.

조선 왕릉을 촬영하다 보면 능 보호차원에서 능위까지 올라갈 수 있는 곳이 많지 않다. 그래서 필자는 광각렌즈와 망원렌즈는 필수로 가지고 다니면서 촬영을 한다.

한국에 있는 유네스코 문화자연유산을 여행하며 촬영하기 가장 힘들었던 곳이 조선 왕릉이었다. 유네스코에 등록된 조선 왕릉은 한 곳에 있는 것이 아니라 서울에 5곳, 경기도에 12곳, 강원도에 1곳 모두 18곳에 있다. 사전연락을 받고 촬영이 가능한 곳을 제외, 14곳을 다니며 촬영하였다.

촬영하며 느꼈던 것은 풍수지리를 바탕으로 가장 좋은 터에 왕릉을 만들어 경관이 훌륭하다는 것이다. 그래서인지 대부분 산책로를 만들어 왕릉을 보며 산책할 수 있게끔 되어 있다. 경관을 즐기며 한적하게 산책하고 싶다면 조선 왕릉을 추천하고 싶다.

243

조선왕조는 1392년부터 1910년까지 518년간 조선왕조가 유지되었으며 태조에서 순종에 이르기까지 27명의 국왕이 통치를 하였다. 자료를 보면 20년 이상 통치를 한 왕이 11명(세종 32년, 성종 25년, 중종 38년, 명종 22년, 선조 41년, 인조 26년, 숙종 46년, 영조 52년, 정조 24년, 순조 34년, 고종 44년), 20년 이하를 통치한 왕이 반 이상이고, 화려한 생활을 했을 것 같지만, 편안하고 건강하지는 않았던 것 같았다. 평균 즉위 연령은 24세, 평균 재위기간은 19년 2개월이다.

왕의 호칭은 왕이 죽은 후에 신하들에 의해서 붙여져서 공정한 평가라고 볼 수 없는데, 대체로 신하들이 왕의 일생을 평가하여 혁명적이거나 공이 많은 왕에게는 '조'를, 자연스레 왕위를 물려받거나 덕이 출중한 왕에게는 '종'을 붙였다. 그리고 연산군과 광해군같이 폐위된 왕의 경우에는 '군'이라는 호칭이 붙었다.

조선왕조가 27대를 이어오면서 총 4번의 의도적인 왕위를 찬탈하는 난이 있었는데, 이방원은 왕자의 난을 일으켜서 스스로 태종에 즉위하였고, 세종의 둘째 아들인 수양대군은 단종을 죽이고 세조가 되었으며, 연산군의 지나친 폭정 때문에 중종반정으로 왕좌에서 폐위시켜 정변을 일으킨 공신들의 추대로 중종을 왕으로 만들었고, 왕이 되고자 신하들과 결탁하여 인조반정이라는 난을 일으켜서 광해군을 폐위시키고 인조가 왕이 되었다.

왕위 찬탈의 난 가운데 왕자 스스로가 주도한 사례는 태종과 세조이며, 신하들이 주도한 역모는 중종반정과 인조반정이다. 왕자가 일으킨 왕위 찬탈의 난은 강력한 왕권 확립을 이루었는데 반해, 신하들이 일으킨 왕위 찬탈의 난은 신하 중심으로 권력이 형성되다 보니 당쟁과 특정 가문의 권력 집중 현상을 가져와서 수많은 당쟁이 생겨 조선시대의 암흑기가 생겨난다.

500년 역사의 조선시대를 깊이 들어가보면 왕과 신하의 권력다툼 그리고 신하들의 세력다툼으로 인한 내분으로 나라가 쇠약해져 있을 때 임진왜란과 병자호란이라는 외침으로 권력에 관심 없는 백성만 궁핍해졌다. 과거나 현재나 가진 자가 더 가지려고 하는 욕망에 권력의 끈을 놓지 못하는 것 같다.

조선은 일제에 의해 몰락한 것보다 조선 후기 왕후의 수렴청정으로 인한 외척세력의 권력 집중으로 권력과 빈부의 차가 심화되어 권력가들이 백성들을 돌보지 않고 사리사욕에 눈이 어두워 난이 일어났다. 왕권이 약화되어 왕의 뜻을 펼치지 못하니 이합집산이 되어 스스로 무너져 서서히 몰락의 길로 간 것이다.

서울에는 태강릉, 헌인릉, 선정릉, 의릉, 정릉 5곳에 왕릉이 있는데 강남에 2곳, 강북에 3곳이 있다.

• **강북** 태강릉-제11대 중종왕비 문정왕후가 묻힌 태릉과 제13대 명종이 묻힌 강릉/ 정릉-제1대 태조왕비 신덕황후가 묻힌 능/ 의릉-제20대 경종이 묻힌 능

• **강남** 헌인릉-제3대 태종이 묻힌 헌릉과 제23대 순조가 묻힌 인릉/ 선정릉-제9대 성종이 묻힌 선릉과 제11대 중정이 묻힌 정릉

함박눈이 내린 다음날 차를 몰고 육사를 지나 태릉선수촌에서 유턴을 하면 태강릉이 나오는데, 주차장은 다른 왕릉주차장은 유료가 대부분인데 태강릉은 왕릉전시관이 있어서인지 무료였다. 태강릉에는 제11대 중종왕비 문정왕후가 묻힌 태릉과 문정왕후 둘째 아들인 제13대 명종이 묻힌 강릉이 있는데, 강릉은 현재 출입제한이 되어 태릉만 촬영이 가능하였다.

| 삼성NX200 | F8 | 1/400s | ISO 200 | 노출보정 0 | 초점거리 24mm | TIME 11:40 | 태릉 |

| 삼성NX200 | F8 | 1/800s | ISO 200 | 노출보정 0 | 초점거리 24mm | TIME 11:31 | 태릉 |

| 삼성NX20 | F9 | 1/400s | ISO 200 | 노출보정 0 | 초점거리 24mm | TIME 11:23 | 태릉 |

| 삼성NX20 | F8 | 1/100s | ISO 200 | 노출보정 0 | 초점거리 27mm | TIME 11:46 | 태릉 |

조선 왕릉 전시관

2009년 12월 개관한 조선 왕릉 전시관에서는 왕의 국장절차와 조선 왕릉의 역사, 왕릉의 조성과정 및 관리 등에 관한 정보를 상세히 얻을 수 있다. 전시관을 관람한 후에는 사적 제201호인 문정왕후 태릉을 둘러볼 수 있다. 태릉 입장권 1,000원으로 조선 왕릉 전시관 동시관람이 가능하다.

주차장에 차를 세우고 입구에서 입장료 1,000원을 내고 들어가면 조선 왕릉 전시관이 보인다. 조선 왕릉을 한눈에 보고 싶다면 태강릉에 있는 조선 왕릉 전시관을 가면 모든 자료를 볼 수 있다.

조선 왕릉 전시관을 지나 소나무 숲을 지나면 문정왕후가 묻힌 태릉이 나오는데, 높지 않은 산 아래 둘러싸인 왕릉은 포근하게 느껴지고 왕릉에 들어가는 길목은 주변의 나무와 어우러져 걷는데 편안함을 느낄 수가 있었다.

태릉은 문정왕후가 중종과 함께 묻히기를 원하여 장경왕후와 같이 있던 서삼릉에서 현재의 강남구 선정릉으로 옮겼는데, 이곳은 지대가 낮아 여름철 홍수가 나면 재실과 홍살문이 침수를 당해 중종과 함께 안장되기를 바랐던 문정왕후는 뜻을 이루지 못하고 현재 태릉에 안장되었다.

당시 문정왕후는 장경왕후의 소생인 인종이 즉위한 지 1년도 안 되어 죽자 아들인 명종을 12세에 왕으로 즉위시키고, 어린 명종 대신 수렴청정을 했다. 당시 왕비로서 권력이 대단하여 기타 왕후 왕릉과 비교가 안 될 정도로 규모가 매우 크다.

한눈에 보는 조선 왕릉
조선의 국장
휴게 공간
조선 왕릉의 관리
안내 데스크
태릉과 강릉

| 조선 왕릉 전시관 내부 |

조선왕릉
朝鮮王陵
The Royal Tombs
of the Joseon Dynasty

조선 왕릉의 석인상은 조선 초기에는 고려 후기에 제작된 왕릉 석인상과 유사하다. 조선 중기의
석인상은 장대하고 단순화된 모습을 하고 있으며, 조선 후기의 석인상은 전체가 단순하지만 의복
을 섬세하게 표현하였다.

| 1대 태조 건원릉무석인 |

| 1대 태조 건원릉문석인 |

| 추존장조 융릉무석인 |

| 추존장조 융릉문석인 |

| 태능무석인 |

| 태능문석인 |

- **어보**

국권의 상징으로 국가적 문서에 사용하던 임금의 도장이다.

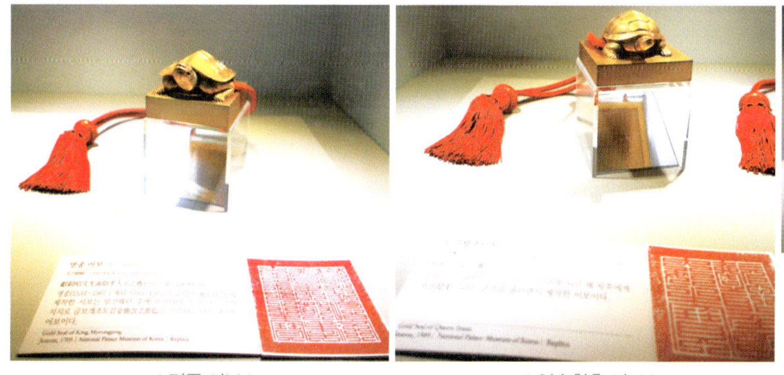

| 명종 어보 |

| 인순황후 어보 |

| 문정황후 어보 |

• **명릉도**

서오릉 안에 있는 제19대 숙종, 계비 인현왕후, 두 번째 계비 인원왕후의 능인 명릉을 그린 왕릉도
이다.

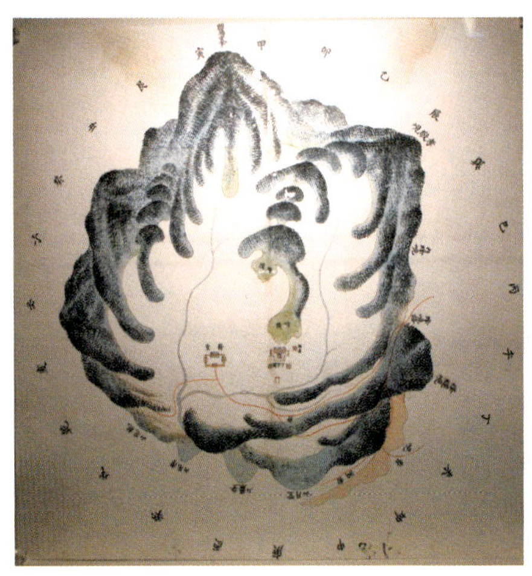

• **효현왕후 산릉도감의궤 유문도**

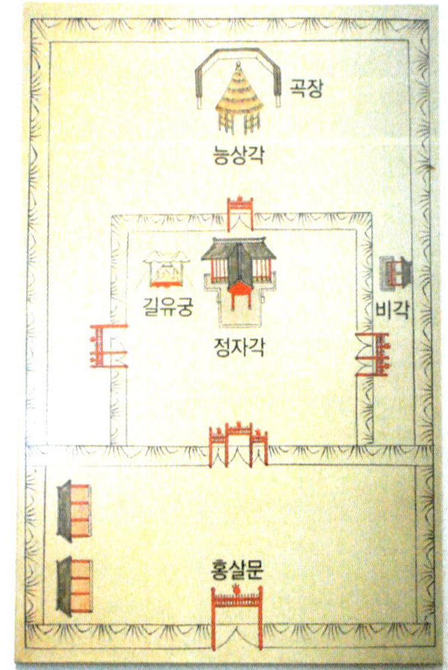

- **순조 인릉 산릉도감의궤**

1834년 11월부터 1835년 4월까지 순조 인릉의 조성절차와 과정을 기록한 의궤이다.

- **정조대왕 행렬도**

헌인릉

서울에서 가장 남쪽에 있는 헌인릉은 서초구 헌인릉길 34(내곡동 산 13-1)에 있는데 양재역에서 성남 쪽으로 가다 보면 대모산 남쪽 기슭 아래에 위치한 헌인릉이 나온다.

서울에 있는 능 중에서 가장 규모가 있고 주변경관이 좋아, 선릉처럼 아침 6시에 관람이 가능하면 새벽에 차를 끌고 산책하고 싶은 왕릉이다.

사적 제194호인 헌인릉에는 제3대 태종과 원경왕후 민씨가 묻혀있는 헌릉, 제23대 순조와 순원왕후 김씨가 묻혀있는 인릉이 있다. 태종은 태조의 다섯 번째 아들로 태어나 제1차 왕자의 난을 일으켜 둘째 형에게 조선 제2대왕 정종이 되게 하고, 정종 2년 1400년에 세자가 되어 같은 해 정종에게 왕위를 물려받아 왕위에 올랐다. 왕위에 올라 절대왕권을 구사하며 조선의 입지를 다졌다.

순조는 정조 14년 1790년에 태어나 정조 24년 1800년 11세에 왕위에 올라, 재위 34년 1834년 45세에 승하했다. 영조비 정순황후의 수렴청정과 이후 권력을 잡은 외척의 김조순 등 안동 김씨의 세도정치가 시작되어 왕권행사를 제대로 하지 못하고, 1827년 아들 효명세자에게 김조순 일파를 견제하기 위해 대리청정을 시켰으나 3년 뒤 급사를 한다. 왕권을 제대로 살리지 못한 순조는 비운의 왕이 되었다.

제3대 태종과 원경왕후 민씨가 묻혀있는 능이다. 세종이 왕위에 오르고 태종과 세종의 어머니인 원경왕후 민씨가 거처할 곳을 만들기 위해 창덕궁 옆에 창경궁을 만들어 거처하게 한다. 원경왕후가 세종 2년 1420년 7월 창경궁 별전에서 태종보다 일찍 세상을 뜨자, 태종의 명으로 같은 해 9월 대모산 기슭에 서북쪽을 등지고 동남쪽을 바라보는 방향으로 왕후의 능을 조영했는데, 그 당시 억불정책으로 원찰을 세우지 못했다.

그로부터 2년 후인 세종 4년 1422년 태종이 승하하자, 아들 세종은 같은 해 9월 어머니 원경왕후의 능 옆에 봉릉을 따로 만들어 아버지를 모시고 난간으로 연결하여 쌍릉을 조성하였는데 조선시대 쌍릉의 대표적인 능이다.

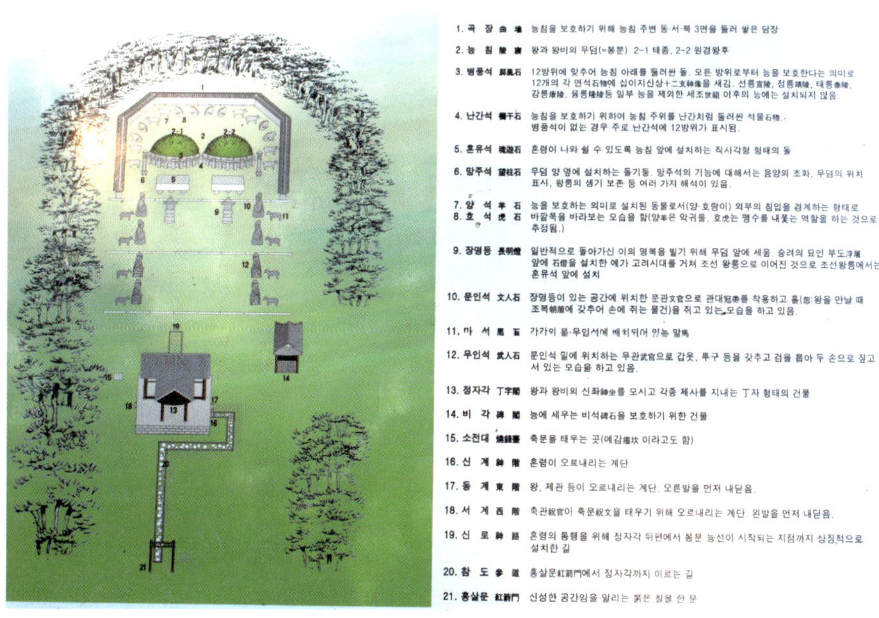

삼성NX200 | F9 | 1/30s | ISO 200 | 노출보정 0
초점거리 24mm | TIME 13:54 | 헌릉 정자각

삼성NX200 | F6.3 | 1/15s | ISO 200 | 노출보정 0
초점거리 24mm | TIME 13:55 | 헌릉 정자각

삼성NX200 | F8 | 1/200s | ISO 200 | 노출보정 0
초점거리 24mm | TIME 14:05 | 헌릉 능침

삼성NX200 | F8 | 1/320s | ISO 200 | 노출보정 0
초점거리 24mm | TIME 14:01 | 헌릉

비각. 1424년 건립된 헌릉 비석에 새겨진 글
씨가 떨어져 나가 알아보기 어려워 숙종 리년
1695년에 원래의 비 옆에 신비석을 세웠다.

구비 　　　　　　　　　　신비

257

제23대 순조와 순원왕후 김씨가 묻혀 있는 능이다. 순조는 정조의 2남이고 수빈 박씨의 아들로 정조가 승하하자 1800년 7월 어린 나이 11세에 왕위에 올라 정사를 볼 수 없는 관계로 영조비 정순왕후가 어린 순조 뒤에서 4년 6개월간 정권을 잡고 수렴청정을 했다. 당시 정순왕후는 신진세력 실학파인 정조의 신하들을 경계했던 관계로 이들을 멀리하기 위해 숙청하고, 정순왕후의 권력을 유지하기 위해 순조의 중전을 안동 김씨 김조순의 딸과 결혼시키는데 이후부터 외척의 김조순 등 안동 김씨의 세도정치가 시작된다.

순조는 어린 나이에 왕이 되어 할 수 있는 것이 없었고, 정순왕후의 수렴청정이 끝나 왕이 직접 정사를 할 수 있는 15세부터는 외척의 간섭과 참견으로 정신적으로 피로해져 몸이 쇠약해졌다.

세도정치에 의해 조선의 왕권은 약해지고 부정부패가 심해져 민생은 도탄에 빠지고 사회 혼란을 틈타 1811년 홍경래의 난과 크고 작은 민란이 계속된다. 급기야 1821년에는 서부지방에 전염병이 크게 번져 10만여 명이 목숨을 잃었다. 순조 재위 34년 중 19년에 걸쳐 크고 작은 수재와 민란이 잇달아 발생하였다.

이후 왕권은 더욱 약해지고 사대부의 세도정치가 시작되면서 조선은 조금씩 멸망의 길로 들어섰다. 역사를 보면 왕후가 아들인 왕을 등에 업고 수렴청정을 하면 권력투쟁으로 평탄한 세상이 없고 피바람이 불었다. 왕이 되지 못하고 죽은 순조의 아들 효명세자가 있는데 병약해진 순조 대신 대리청정을 할 때 효성이 지극하여 창덕궁 후원에 병약한 아버지 순조를 위해 연경당을 건축해 이곳에서 쉬면서 연회를 할 수 있게 하였다고 한다. 순조가 아프다는 핑계로 효명세자에게 대리청정을 맡긴 이유는 정조와 같은 개혁파 기질을 가진 아들 효명세자에게 외척 김조순 일파를 견제시키기 위해서였으나, 3년 뒤 건강했던 효명세자가 갑자기 죽음을 당하는데 항간에는 독살설이 있다.

좌] 삼성NX200 | F10 | 1/200s | ISO 200 | 노출보정 0 | 초점거리 24mm | TIME 13:29 | 인릉 정자각 |
우] 삼성NX200 | F2.4 | 1/2500s | ISO 200 | 노출보정 0 | 초점거리 24mm | TIME 13:31 | 인릉 정자각 |

| 삼성NX200 | F2.4 | 1/2000s | ISO 200 | 노출보정 0 | 초점거리 24mm | TIME 13:31 | 인릉 정자각 |

| 삼성NX200 | F2.4 | 1/200s | ISO 200 | 노출보정 0 | 초점거리 24mm | TIME 13:34 | 인릉 정자각 |

261

헌인릉를 둘러보고 나오면 자연 그대로의 모습을 간직한 숲이 나오는데, 그 모습이 마치 제주도
비자림에 온 것 같았다.

선정릉

선정릉은 서울시 강남구 삼성동 도심 한복판에 있어서 버스나 지하철로도 방문이 수월한 곳이다.
관람시간은 3~10월 아침 6시~오후 9시, 11~2월 아침 6시 30분~오후 9시까지 개방되므로 다른
능보다 개방시간이 긴 편이다. 선정릉에는 9대 성종과 부인 정현왕후의 능, 조선 11대 중종의 능
인 정릉이 모여 있다.

성종은 세조의 장자인 덕종의 둘째 아들로 13세에 즉위하여 7년간 정희대비가 수렴청정하고, 1476년에 친정을 하였다. 불교사상을 억제하고 유교사상을 정착하여 왕도정치를 실현하고자 사림파의 사람을 등용하여 세조를 왕으로 만든 훈구세력을 견제하였다. 세력이 균형을 이루게 하여 왕권을 안정시키는 정치기반을 조성함으로써 조선 초기의 전반적인 체제를 안정시켰다. 또한 조선 초기의 문물제도를 완성하고 『경국대전』을 수차의 개정 끝에 1485년에 반포하였다.

그런데 영화나 드라마에서는 성종의 치적보다 폐비 윤씨와 연산군에 관한 내용이 더 많이 알려져 있다. 성종의 첫 번째 부인인 공혜왕후가 1474년 불과 19살의 나이로 승하하자 그 뒤를 이어 폐비 윤씨는 성종의 두 번째 부인이 된다. 그리고 1476년 11월 6일 연산군을 낳게 되면서 마침내 왕후의 자리에 오르게 된다.

그러나 성종이 많은 후궁을 거느리고 있었기에 성종과의 부부생활이 순탄하지만은 않았던 것 같다. 실록에 의하면 폐비 윤씨는 왕후가 되고 난 뒤, 질투와 시기가 심해져 성종이 후궁의 침소에 들었다는 소식에 난동을 피우며 성종과 싸우는 일이 빈번했다고 전해진다. 그리고 후궁들에 대한 감시도 심했고, 성종이 다른 궁녀를 찾기라도 하면 그 여인들을 죽이기 위해 비상(독약)을 숨기는가 하면 저주하는 주문을 외우기도 했다고 한다. 이러한 이야기까지 전해 내려오는 것으로 보면 폐비 윤씨와 성종 사이에는 적잖은 갈등과 마찰이 있었음을 알 수 있다.

결국 성종 사이에 적잖은 갈등과 마찰은 성종의 어머니인 소혜왕후(인수대비)에까지 알려지게 된다. 시어머니와 며느리의 갈등으로까지 번지게 되는데, 폐비 윤씨를 시기하던 후궁 정씨, 엄씨 등의 음해까지 더해져 결국 윤씨는 1479년 폐비라는 최악의 상황을 맞게 된다.

 왕후의 자리에서 쫓겨난 폐비 윤씨는 사가인 친정에서 사실상 연금생활을 하게 되는데, 이러한 연금생활도 결국 3년 만인 1482년 폐비 윤씨가 사약을 받고 죽는다. 이는 훗날 폐비 윤씨의 아들 연산군 폭정의 도화선이 되었던 것 같다.

성종 25년 1494년 12월 38세에 승하하여 연산군이 능호를 선릉이라 하였다. 그로부터 35년 후인 중종 25년 1530년 8월에 성종의 계비 중종의 어머니인 정현왕후가 경복궁에서 69세의 나이로 승하하여 선릉에 안치되었다.

중종은 성종의 2남이며 연산군의 이복동생으로 연산군시대의 폐정을 개혁하고 조광조 등의 신진세력을 등용하여 왕도정치를 시도하였으나, 세조를 왕으로 만든 훈구파의 반발로 실패하고 신진세력이 숙청당하는 1519년 기묘사화, 신사사화가 일어난다.

주자도감을 설치하여 활자를 개조하고 중종 35년 1540년에 역대 실록을 인쇄하여 이를 사고에 보관하게 하였다. 중종은 처음에는 어진 정치를 펴는 데 상당히 의욕적이었으나, 기묘사화 이후 간신들이 세력을 잡아 정국은 혼미를 거듭하여 볼만한 치적을 남기지 못하였다.

중종 38년 1544년 승하하여 파주에 있는 서삼릉에 안치되는데 문정왕후가 중종과 함께 묻히기를 원하여 장경왕후, 인종과 같이 있던 서삼릉에서 현재의 강남구 선정릉으로 옮겨졌다.

01 선릉

선릉(조선 9대 성종과 부인 정현왕후의 능)은 능침 개방시간이 있는데 오전시간 10시 30분부터 약 30~40분 오후시간은 14시 30분부터 약 30~40분에 능 안에 들어가서 볼 수가 있다.

삼성NX200 | F7.1 | 1/40s | ISO 400 | 노출보정 0 | 초점거리 24mm | TIME 07:07 | 선릉 |

삼성NX200 | F7.1 | 1/60s | ISO 400 | 노출보정 0 | 초점거리 27mm | TIME 07:12 | 선릉 |

265

| 삼성NX200 | F5 | 1/80s | ISO 400 | 노출보정 0 | 초점거리 27mm | TIME 07:11 | 선릉 |

| 삼성NX200 | F5 | 1/100s | ISO 400 | 노출보정 0 | 초점거리 126mm | TIME 07:02 | 선릉 |

| 삼성NX200 | F8 | 1/160s | ISO 200 | 노출보정 0 | 초점거리 27mm | TIME 07:36 | 정릉 |

강남구 선릉로에 중종이 묻혀있는 정릉(靖陵, 조선11대 중종의 능)과 성북구 아리랑로에 태조의 계비 신덕왕후가 묻혀있는 정릉(貞陵)은 한글은 같지만, 한문이 다르다.

의릉

제20대왕 경종이 묻혀 있는 능이다. 숙종과 장희빈의 아들로 장희빈의 소생이라는 이유로 정치적 실세였던 서인세력의 반대에도 불구하고 아버지 숙종에 의해 세자로 책봉되었던 경종은 소론의 지지를 받아 33세 1721년에 왕위에 오른다. 당시 실세였던 서인세력이 노론, 소론으로 분파되어 당쟁이 심했던 시기로 자식이 없고 병약하여 이복동생인 세제(영조)를 책봉하였다. 노론의 압박으로 세제(영조)에게 대리청정을 맡기고 물러날 위기에 몰리기도 하였는데, 소론의 지지로 다시 친정하여 세제(영조)의 책봉을 지지한 노론 세력을 숙청한 신임사화가 있었다.

경종 4년 1724년 8월 창경궁에서 승하하자, 천장산 기슭 언덕에 예장하고 능의 이름을 의릉이라 하였다. 영조 6년 1730년 6월 26세의 젊은 나이로 계비 선의왕후가 승하하자 경종 왕릉 아래에 능을 만들어 의릉은 태종이 묻힌 헌릉과 비슷하게 쌍릉의 모습을 하고 있다. 헌릉은 나란히 묻혀 있는 쌍릉이지만, 의릉은 왕과 왕비의 봉분이 앞뒤로 나란히 배치되어 더욱 독특한 모습이다.

과거 1962년 중앙정보부에 의해 통제되었다가 1995년 9월에 국가정보원(구 중앙정보부)이 서초동 내곡동으로 이사를 가면서 33년 동안 베일에 가려졌던 의릉이 일반인에게 개방되었다.
경종은 살아서도 당쟁 때문에 힘든 나날을 보냈는데 죽어서도 중앙정보부에 의해 자신의 능이 궁궐의 후원처럼 변하는 모습을 지켜보아야 했다.
눈이 내린 다음날 차를 타고 내비게이션에 의릉을 치고 아침 9시에 도착하니 능 주변은 하얗게 변해 있었다. 입장료 1,000원을 내고 입장하니 아무도 없는 의릉을 하얀 눈을 바라보며 걷는 맛은 마치 눈이 많이 내린 강원도 산골을 걷는 것과 같았다.

| 삼성NX200 | F9 | 1/640s | ISO 200 | 노출보정 0 | 초점거리 24mm | TIME 09:50 | 의릉 |

| 삼성NX200 | F6.3 | 1/1000s | ISO 200 | 노출보정 0 | 초점거리 61mm | TIME 10:05 | 의릉 |

삼성NX200 | F6.3 | 1/500s | ISO 200 | 노출보정 0 | 초점거리 27mm | TIME 10:09 | 의릉

정릉

제1대왕 태조의 계비 신덕왕후가 묻혀있는 능이다. 조선 왕릉 중에서 왕이 없고 왕비만 묻힌 정릉, 태종이 왕이 안 되었으면 태조와 같이 묻혔을 신덕왕후. 신덕왕후도 자세히 들여다보면 비운의 왕비다.

태조가 조선을 세우는 데 내조를 잘해 태조의 신망을 받고 자신의 아들을 왕으로 만들기 위해 세자로 책봉하게 만든 것이 화근이 되었다. 태종이 왕자의 난을 일으키고 자신의 아들이 죽음을 당하게 되는 비운의 사건을 만든 장본인이 된 것이다.

신덕왕후는 태조 이성계의 둘째 부인 강씨로 태조가 조선을 세우는데, 자신의 집안을 내세워 조선 개국의 지대한 공헌을 하여 개국공신이 되었다. 강씨 소생으로 두 아들 방번, 방석과 경순공주를 낳았다.

신덕왕후는 정도전과 합세하여 둘째 아들 방석을 왕세자로 책봉하여 태조 첫째 부인의 이방원과 갈등을 빚었다. '제1차 왕자의 난'을 일으켜 강씨 소생의 두 아들 방번, 방석(왕세자)과 사위, 반대파 정도전, 남은 등이 살해되었다.

태조 5년 1396년에 죽자 능을 만들고 그 이듬해에 능 이름을 정릉으로 정했다. 원래는 중구 정동에 있었으나 태종이 왕위에 오르자 불편한 관계였던 신덕왕후를 후궁의 지위로 격하시키고, 현재의 자리로 묘를 이장하였다. 이후 능을 돌보지 않아 처음의 모습을 잃었으나 현종이 왕비로 복위시키고 개축하여 현재의 모습을 보게 되었다.

삼성NX11 | F3.5 | 1/100s | ISO 800 | 노출보정 +0.3 | 초점거리 27mm | TIME 06:26 | 정릉

삼성NX11 | F5.6 | 1/90s | ISO 800 | 노출보정 +0.3
초점거리 84mm | TIME 06:32 | 정릉

삼성NX11 | F4 | 1/6s | ISO 800 | 노출보정 +0.3
초점거리 27mm | TIME 06:38 | 정릉

삼성NX11 | F3.5 | 1/90s | ISO 800 | 노출보정 +0.3
초점거리 27mm | TIME 06:35 | 정릉

삼성NX11 | F3.5 | 1/45s | ISO 800 | 노출보정 +0.3
초점거리 27mm | TIME 06:40 | 정릉

정릉산책길 안내도

■ 산책할 때 이것만은
- 산불을 조심합시다.
- 전지역 금연구역입니다.
- 쓰레기를 버리지 맙시다.
- 산책길만 이용합시다.
- 도토리 등을 줍지맙시다.

■ 둘레거리 : 2.5km
■ 소요시간 : 50분
■ 면   적 : 301,177㎡

293

경기도 왕릉을 거닐다

경기도 이북에는 동구릉, 홍유릉, 광릉, 사릉, 서오릉, 서삼릉, 온릉, 파주삼릉, 파주장릉, 김포장릉 10곳, 경기도 이남에는 여주에 영녕릉과 화성에 융건릉 2곳, 총 14곳에 왕릉이 있다.

경기도 이북 왕릉

01 동구릉

조선을 세운 태조의 능으로 쓰이기 시작한 뒤 조선시대를 통하여 가장 많은 왕과 왕비가 묻혀 있는 왕릉군으로 한 분만 모시는 단릉, 두 분을 따로 모신 쌍릉, 한 곳에 산줄기를 달리해서 모신 동원이강릉, 두 분을 함께 모신 합장릉, 세 분을 나란히 모신 삼연릉이 있어 동구릉에서는 다양한 모습의 왕릉을 볼 수 있다.

동구릉이란 도성의 동쪽에 있는 9개의 왕릉이란 뜻으로 왕릉이 생길 때마다 동오릉, 동육릉, 동칠릉, 동팔릉이라 불렸는데 조선왕 24대 헌종이 묻힌 경릉이 생긴 이후 동구릉으로 굳어졌다.

2013년 3월 29일 재촬영하러 동구릉을 방문하였는데, 들어가는 입구 초입에 동구릉 역사관이 새로 건립되어 동구릉을 한눈에 볼 수 있게 만들어졌다. 가족과 함께 오면 조선 왕릉에 대하여 좋은 공부가 될 것 같다.

역사박물관을 나와 조금 걷다보면 다른 왕릉에 없는 큰 홍살문이 보이는데 이곳을 지날 때는 몸과 마음을 엄숙히 하고, 여기에 모신 분들에게 경건한 예를 갖추라고 세워진 것이다.

홍살문

동구릉 재실

왕릉이 9곳이나 있어서인지 조선 왕릉에서 재실규모가 제일 크다. 재실은 평상시 참봉 등이 능역을 관리하기 위해 근무하는 곳이며, 제례 시에는 제관들이 머물면서 제례를 준비하는 공간이다. 주요시설은 집무실인 재실 외에 향을 보관하는 안향청, 제기를 보관하는 제기고, 행랑채 등이 있다.

| 삼성NX200 | F8 | 1/320s | ISO 200 | 노출보정 0
| 초점거리 27mm | TIME 13:44 | 동구릉 재실

| 삼성NX200 | F8 | 1/200s | ISO 200 | 노출보정 0
| 초점거리 27mm | TIME 13:44 | 동구릉 재실

조선왕 1대 태조 이성계가 묻힌 왕릉이다. 태조는 1408년 5월 창덕궁에서 74세로 승하하여 태종 8년 1408년 아버지인 1대 태조의 건원릉을 조성하였는데, 태조는 생전에 계비 신덕왕후와 함께 묻히기를 원해 신덕왕후의 능인 당시 덕수궁 근처에 있는 정릉에 자신의 묏자리를 마련해두었다. 신덕왕후와 불화가 많았던 태종은 태조의 유언을 따르지 않고, 신덕왕후의 능을 후궁으로 좌천시키고 현재의 정릉으로 이장, 태조의 능을 지금의 자리에 조성하였다.

태조는 고려를 멸망시키고 조선을 개국한 왕이었으나 아들들의 왕권 다툼으로 왕자의 난에 계비 신덕왕후의 두 아들과 사위가 살해되었다. 또한 조선을 개국한 뒤 왕권을 7년밖에 하지 못하고, 사후에도 본처 신의왕후보다 신덕왕후를 사랑하여 함께 묻히길 원했으나 죽어서도 원하는 대로 이루어지지 않아 조선을 개국한 왕이지만 비운의 왕이었다.

| 삼성NX200 | F8 | 1/500s | ISO 200 | 노출보정 0 | 초점거리 24mm | TIME 08:46 | 건원릉 |

삼성NX200 | F8 | 1/125s | ISO 200 | 노출보정 0
초점거리 24mm | TIME 09:01 | 건원릉

삼성NX200 | F8 | 1/250s | ISO 200 | 노출보정 0
초점거리 107mm | TIME 14:34 | 건원릉

삼성NX200 | F8 | 1/250s | ISO 200 | 노출보정 0
초점거리 138mm | TIME 14:44 | 건원릉

삼성NX200 | F8 | 1/40s | ISO 200 | 노출보정 0
초점거리 27mm | TIME 14:35 | 건원릉

삼성NX200 | F8 | 1/30s | ISO 200 | 노출보정 0
초점거리 27mm | TIME 14:35 | 건원릉

• 현릉

조선왕 5대 문종과 왕비 현덕왕후가 묻힌 왕릉이다. 학문에 밝고 인품이 좋은 문종은 세종의 뒤를 이어 유교적 이상 정치를 베풀고 문화를 발달시켰으나 1452년 왕위 3년도 안 되어 승하하였다. 5대 문종과 그의 비 현덕왕후는 각각의 다른 언덕에 있다. 왕과 왕비를 한 능에 묻는 경우도 있지만, 현릉은 같은 능의 이름 아래 왕과 왕비의 능을 각각 다른 언덕 위에 따로 만든 능을 만들어 동원이강릉이라고 불린다.

| 삼성NX200 | F8 | 1/250s | ISO 200 | 노출보정 0 | 초점거리 24mm | TIME 08:11 | 현릉 |
| 삼성NX200 | F8 | 1/500s | ISO 200 | 노출보정 0 | 초점거리 27mm 파노라마 | TIME 13:58 | 현릉 |

| 삼성NX200 | F8 | 1/40s | ISO 200 | 노출보정 0
| 초점거리 30mm | TIME 09:23 | 현릉 |

| 삼성NX200 | F8 | 1/200s | ISO 200 | 노출보정 0
| 초점거리 27mm | TIME 09:43 | 현릉 |

- **목릉**

조선왕 14대 선조와 왕비 의인왕후 및 계비 인목왕후가 묻힌 왕릉이다. 명종이 후사 없이 승하하자 중종의 일곱째 아들 덕흥부원군의 셋째 아들이 16세에 선조로 왕위를 계승하는데 이이, 이황 등의 인재를 등용하여 선정에 힘썼으나 당쟁과 임진왜란과 정유재란 두 차례에 걸친 7년간의 전쟁으로 시련을 겪은 격동의 왕이다.

동구릉의 가장 깊숙한 곳에 건원릉 옆에 위치한 목릉은 14대 선조와 의인왕후 박씨, 계비 인목왕후 김씨 세 사람이 묻혀 있다. 같은 능역 안의 각각 다른 언덕에 왕릉과 왕비릉을 조성한 동원이강릉의 형식으로 만들어졌는데, 제일 왼쪽에 위치한 것이 선조의 능이고, 가운데에 위치한 의인왕후 그리고 오른쪽에 위치한 인목왕후의 능이 있다.

동구릉 중에서 가장 규모가 크고 능 주변 가까이 촬영이 가능한 곳으로 동구릉 중에서 유일하게 능침과 석상을 왕릉에 올라가서 촬영할 수 있다.

| 삼성NX200 | F8 | 1/1000s | ISO 200 | 노출보정 0 | 초점거리 27mm 파노라마 | TIME 14:12 | 목릉 |

삼성NX200 | F8 | 1/160s | ISO 200 | 노출보정 0
초점거리 27mm | TIME 09:19 | 목릉 |

삼성NX200 | F8 | 1/350s | ISO 200 | 노출보정 0
초점거리 27mm | TIME 09:21 | 목릉 |

삼성NX200 | F8 | 1/320s | ISO 200 | 노출보정 0
초점거리 24mm | TIME 09:12 | 목릉 |

삼성NX200 | F8 | 1/350s | ISO 200 | 노출보정 0
초점거리 27mm | TIME 09:22 | 목릉 |

- **휘릉**

조선왕 16대 인조의 계비 장렬왕후가 묻힌 능이다. 장렬왕후는 인조의 계비이자, 한원부원군 조창원의 딸로 15세에 인조 16년 1638년 12월 인조의 계비로 간택되어 왕비로 책봉되었다. 인조 27년 1649년 인조가 승하하고 효종이 즉위하자, 26세의 나이로 대비가 되어 효정 2년 1651년 자의대비가 된다. 자의대비는 효종, 현종, 숙종 대까지 4대에 걸치는 동안 왕실의 어른으로 지내며 65세까지 천수를 누리다가 숙종 14년 1688년 8월에 소생 없이 창경궁에서 승하하였다. 4대 동안 왕실어른을 하였기에 소생이 없어도 동구릉에 홀로 안치된 것을 보면 왕실어른의 대접을 받은 것 같다.

| 삼성NX200 | F8 | 1/250s | ISO 200 | 노출보정 0
| 초점거리 27mm | TIME 14:53 | 휘릉 |

| 삼성NX200 | F8 | 1/250s | ISO 200 | 노출보정 0
| 초점거리 277mm | TIME 14:55 | 휘릉 |

| 삼성NX200 | F8 | 1/250s | ISO 200 | 노출보정 0
| 초점거리 53mm | TIME 14:51 | 휘릉 |

- **숭릉**

조선왕 18대 현종과 왕비 명성왕후가 묻힌 왕릉이다. 현종은 효종의 아들로 즉위 초부터 남인과
서인의 당쟁에 의해 국력이 쇠퇴해지고 많은 유신들이 희생되었던 시기를 통치했다. 대동법을 전
라도와 경기도에 실시하고 동철활자 10만여 글자를 주조하였다.

현종은 1674년 8월 34세로 창덕궁 대조전에서 승하하여 건원릉 남서쪽 산줄기에 안치하였다. 현
종의 비 명성왕후는 숙종 9년 1683년 12월 창경궁에서 42세에 승하하여 숙종 10년 1684년에 현
종의 능과 명성왕후의 봉분이 나란히 2기로 만들어 쌍릉으로 만들어졌다.

- **혜릉**

조선왕 20대 경종왕비 단의왕후가 묻힌 능이다. 동구릉에는 왕비 홀로 묻혀 있는 곳이 두 군데가 있는데, 조선왕 16대 인조의 계비 장렬왕후가 묻힌 휘릉과 조선왕 20대 경종왕비 단의왕후가 묻힌 혜릉이 있다. 장렬왕후가 묻힌 휘릉은 4대 동안 왕실어른을 하였기에 소생이 없어도 동구릉에 안치된 것이 이해가 되는데, 단의왕후는 경종 즉위 2년 전에 소생 없이 죽은 세자빈으로 권력과 세력이 없이 동구릉에 묻힌 이유가 궁금하였다.

일화를 보면 청은부원군 심호의 딸로 어려서부터 유순하면서 타고난 지혜로움이 있었다고 한다. 숙종 22년 1696년 11세에 세자빈에 간택되어 별궁에서 타고난 의젓함과 총명함으로 시아버지인 숙종이 매우 예뻐했던 것 같다. 숙종 44년 1718년 경종 즉위 2년 전에 소생 없이 병을 앓고 33세에 세자빈으로 생을 마감하자, 숙종은 동구릉에 있는 숭릉 아래쪽에 안장시키는데 경종이 즉위하자 단의왕후로 추대된다.

• 원릉

조선왕 21대 영조와 계비 정순왕후가 묻힌 왕릉이다. 영조는 숙종의 2남이고 어머니는 화경숙빈 최씨, 경종의 동생으로 조선왕조 중 가장 오랫동안 왕의 자리를 지킨 왕이다. 즉위와 동시에 왕권을 강화하고, 균형 있는 인재 등용을 통하여 탕평책을 써서 노론, 소론에 의한 붕당정치를 축소하기에 힘썼다.

1755년 정조의 아버지인 사도세자가 뒤주 속에 가두어 죽는 비극이 벌어진다.

원비 정성 왕후가 잠든 서오릉의 홍릉을 자신의 자리로 정해 쌍릉으로 묻히기를 바랐으나, 손자인 정조는 영조가 승하한 그해 7월 건원릉 서쪽 두 번째 산줄기에 그를 안장하고 원릉이라고 했다. 원래 이곳은 효종 능인 영릉이 만들어졌던 곳으로 석물에 틈이나 빗물이 스며들 염려가 있다고 하여 여주에 있는 세종대왕이 묻힌 곳으로 영조의 능을 만들려고 했는데, 정조는 아버지 사도세자를 죽게 만든 영조의 뜻에 따르지 않고 동구릉에 안치했다는 설이 있다. 원릉을 조성한 지 29년이 지난 순조 5년 1805년에 61세의 나이로 승하한 영조 계비 정순왕후 김씨를 원릉의 옆에 모셨다.

- **수릉**

순조의 아들이며 헌종의 아버지인 추존왕 문조와 신정왕후가 묻힌 왕릉이다. 추존 황제 효명세자 문조는 조선왕 23대 순조와 순원왕후 김씨 사이의 큰 아들이자 조선왕 24대 헌종의 아버지다. 효명세자는 순조 12년 1812년에 왕세자로 책봉되는데, 병약해진 순조 27년 1827년에 19세의 나이로 대리청정을 시작하였다.

효명세자는 순조의 집권 시 안동 김씨의 세도정치가 극에 다다를 시기에 아버지 순조 대신 대리청정을 통해 다른 세력을 견제하기 위해 그동안 소외되어 있던 인재들을 고루 등용하여 왕권을 강화시키고 백성을 위하는 선정을 펼쳤다고 한다. 순조 30년 1830년 5월 22세 젊은 나이에 창덕궁에서 요절하는데 일화에 의하면 다른 세력에 의해 독살당했다고 한다. 조선 후기에 왕권을 강화하는 왕조는 단명한 것 같다.

아들 헌종이 왕위에 오르면서 익종으로 추대되고 고종 때 문조익 황제로 추존되었다. 효명세자가 순조 30년 1830년에 승하하자 성북구 석관동 의릉 왼쪽 언덕에 세자의 무덤형식인 원으로 능을 만들고 연경묘라 하였다. 아들 헌종이 1835년 즉위하자 그를 익종으로 추존하고 능의 이름을 수릉이라고 하였다.

| 삼성NX200 | F8 | 1/250s | ISO 200 | 노출보정 0 | 초점거리 24mm | TIME 07:54 | 수릉 |

289

| 삼성NX200 | F8 | 1/20s | ISO 200 | 노출보정 0 | 초점거리 24mm | TIME 08:05 | 수릉 |

| 삼성NX200 | F8 | 1/90s | ISO 200 | 노출보정 0 | 초점거리 44mm | TIME 07:54 | 수릉 |

| 삼성NX200 | F8 | 1/20s | ISO 200 | 노출보정 0 | 초점거리 64mm | TIME 07:57 | 수릉 |

| 삼성NX200 | F8 | 1/320s | ISO 200 | 노출보정 0 | 초점거리 27mm | TIME 07:54 | 수릉 |

290

• 경릉

조선왕 24대 헌종과 효현황후 및 계비 효정황후가 묻힌 왕릉이다. 효명세자(익종)와 신정황후 조씨의 아들로 8세에 즉위하여 순조의 비 순원왕후 김씨에 의해 수렴청정을 하는데, 안동 김씨와 풍양 조씨 두 외척의 세력 다툼이 벌어진다.

1841년 친정을 하는데 조선 재정의 주류를 이루던 3가지 수취체제가 변질되어 부정부패가 심화되었다. 삼정(전정, 군정, 환곡)의 문란과 전국적으로 크고 작은 농민항쟁으로 국정이 혼란한 시기였다.

1839년에 천주교를 탄압하는 기해사옥이 일어나서 외국군함이 처음으로 조선 앞바다에 나타나 민심이 흉흉하였다.

경릉은 세 개의 봉분이 나란히 있는 조선 왕릉 중 유일한 삼연릉 형태이다. 제일 우측의 능침이 헌종의 것이고, 가운데가 효현왕후 능침이며, 좌측이 계비 효정왕후 능침으로 모두 병풍석은 없다.

| 삼성NX200 | F8 | 1/30s | ISO 200 | 노출보정 0
| 초점거리 30mm | TIME 15:27 | 경릉 |

| 삼성NX200 | F8 | 1/125s | ISO 200 | 노출보정 0
| 초점거리 27mm | TIME 15:25 | 경릉 |

조선의 마지막 왕조가 된 비운의 왕릉이다.

• 홍릉

조선왕 26대 고종과 명성황후가 묻힌 왕릉이다. 고종은 영조의 손자의 손자인 흥선대원군의 둘째 아들로 철종이 후사가 없어 신정왕후 조씨에 의해 12세에 왕위를 계승하는데 이로부터 10년간 대원군이 집정한다. 대원군과 명성황후의 세력다툼과 열강의 문호개방 압력에 시달림이 있던 시기이다.

고종은 1907년 헤이그 특사 사건으로 퇴위하게 된다. 임기 중 여러 사건이 일어나는데 1882년 임오군란, 1884년 갑신정변, 청일전쟁을 유발한 1894년 동학농민운동, 1895년 명성황후 시해, 1896년 을사조약 등이 일어났다.

명성황후가 살해된 을미사변으로 일본에 대한 신변 위협을 느껴 고종과 왕세자는 러시아와 협약하여 러시아 공관으로 거처를 옮긴다. 을미사변으로 인해 고종은 친일파 대신들을 처형하므로 국민의 감정을 자극한 급진적 세력 친일내각은 무너지고, 친러, 친미파 인사로 내각이 재구성되었다. 지지기반을 상실한 일본은 국왕의 조속한 환궁을 요청하였으나, 고종은 불안한 궁전보다는 러시아 공관의 보호가 더 안정하다 생각하여 환궁을 미루고 러시아 공사관에서 1년의 긴 시간을 보낸다. 이에 따라 러시아는 강한 영향력을 가지게 되는데 1897년 2월 러시아의 영향력에 반감하는 주변 압력에 의해 러시아 공관을 떠나 경복궁이 아닌 경운궁으로 환궁하고, 대한제국 연호를 광무로 고치고 황제 즉위식을 하여 독립제국임을 내외에 선포하게 된다.

1919년 1월 21일 덕수궁에서 춘추 67세로 고종이 승하하자 현재의 위치에 왕릉을 조성하면서 명성황후의 능도 옮겨와 합장하였다.

| 삼성NX200 | F8 | 1/100s | ISO 200 | 노출보정 0 | 초점거리 24mm | TIME 06:12 | 홍릉 |

| 삼성NX200 | F8 | 1/40s | ISO 200 | 노출보정 0 | 초점거리 24mm | TIME 06:18 | 홍릉 |

능에는 출입금지가 되어 이곳에서 촬영하면 마치 경주에 있는 왕릉 고분처럼 보이는데 뒤편에 왕릉이 조성되어 있다. 기존 조선 왕릉의 형식과 상설에서 크게 차이가 나는데 기존 능은 능 주변에 석상이 있고 능 아래에 정자각이 있다. 홍유릉은 황제능이라 하여 명나라 태조 왕릉을 본떠 능 아래에는 정자각 대신 커다란 침전이 있고 기린, 코끼리, 사자 등의 석수가 늘어서 있다.

- 유릉

조선왕 27대 순종과 순명효황후, 계비 순정효황후가 묻힌 왕릉이다. 순종은 고종과 명성황후의 둘째 아들로 대한제국 최후의 황제이다. 1910년 한일신협약이 체결됨에 따라 일본인의 한국 관리 임용을 허용하여 사실상 국내정치는 일본인의 손으로 넘어가는 시기이다. 일본의 압력으로 한국군 해산, 경제권, 경찰권, 군사권 등이 상실되어 1910년 8월 29일 조선왕조의 종말을 맞는다. 일본은 순종을 창덕궁에 머물게 하고 황제에서 강등하여 이왕으로 불렸다.

유릉은 조선의 마지막 왕 순종의 능이며 조선 왕릉으로 겉으로 보기엔 봉분이 하나여서 하나의 능처럼 보이지만, 한 능침에 순종과 그의 두 왕비가 세 명이 합장한 유일한 동봉삼실형이다. 홍릉과 같은 황제릉 양식으로 조성하고, 기린, 낙타, 코끼리 등 이전에 볼 수 없었던 다양한 형태의 석물들이 있다.

홍릉과 유릉 사이에 빛이 들어오는 숲은 고요한 왕릉을 걸어 다니는 데 색다른 느낌을 준다.

조선왕 7대 세조와 정희왕후가 묻힌 왕릉이다. 서울에서 1시간 남짓 차를 달려 광릉에 도착하니 세상과 단절된 고요한 공간에 있는 느낌이 들었다. 양옆에 기다란 나무를 바라보며 저벅저벅 걸을 때마다 정감 어린 소리를 내는 숲길은 마치 삼림욕장에 있는 듯 상쾌함을 선사해주었다.

고요함을 즐기며 5분 정도 올라가면 능의 입구임을 보여주는 홍살문을 만나게 된다. 거대한 두 개의 언덕으로 이루어진 능에는 능침까지 올라갈 수 있도록 돌계단이 마련되어 있는데 500년도 더 지난 왕릉이지만 잘 가꾸어진 정원처럼 느껴졌다. 가을날 이곳을 찬찬히 걸으며 단풍이 진 나무 사이에 빛이 들어오는 것을 보면 몸과 마음이 힐링되고 사진 찍을 거리가 많다.

단종의 충신인 성상문, 김종서(사육신) 등을 계유사화로 죽이고, 단종을 쫓아내 왕위에 오른 수양대군이 세조이다. 세조는 세종과 소헌왕후 심씨 사이에서 태종 17년 1417년 9월에 태어난 둘째 수양대군인데 타고난 자질이 영특하고 학문이 높았을 뿐만 아니라 무예에도 뛰어났다고 전한다.

문종이 승하하고 12세의 나이 어린 조카 단종이 1453년 왕위에 오르지만, 숙부인 수양대군은 왕위찬탈의 야심을 품고 측근인 권람, 한명회와 결탁하여 김종서, 황보인 등의 중신들을 살해한다. 또한 친동생인 안평대군에게 사약을 내려 죽이고 전권을 장악하여 단종 재위 2년 만에 단종이 수양대군에게 왕위를 양도하게 되었다.

집현전에서는 '하나의 태양 아래서 두 명의 왕을 섬길 수 없다'는 집현전 학자들에 의해 단종복위운동이 일어났다. 세조는 이를 사전에 알고 성삼문 등 사육신을 참형하고, 단종을 노산군으로 강등시켜 강원도 영월로 귀양을 보낸 후 뒤 사약을 내려 죽게 하는데 바로 계유사화이다. 단종은

200년 후 숙종 때 와서 왕위를 다시 찾아 단종이라 하였다.

왕권의 강화를 위하여 의정부 서사제를 폐지하고 전제왕권제에 가까운 육조직계제를 단행했으며, 집현전을 폐지하고 경연을 없앴다. 왕명 출납 기능이 있는 승정원을 강화시키고, 호패법을 복원하였으며, 군제 정비에도 노력을 게을리하지 않아 조선 초기 왕권 확립에 크게 공헌했다. 또한『국조보감』,『경국대전』등을 편찬하고 관제의 개혁으로 괄목할 만한 치적을 남겼다.

광릉은 같은 산줄기에 좌우 언덕을 달리하여 왕과 왕비를 각각 따로 봉안하고 두 능의 중간 지점에 하나의 정자각을 세우는 형식인 동원이강릉으로 만들었는데, 이러한 형태의 능은 조선 최초였다. 좌측 능선의 봉분이 세조의 능이며, 오른쪽의 봉분이 정희왕후의 능이다. 광릉은 다른 왕릉에 비해 간소한데 세조의 유언에 따라 간소하게 만들어졌다.

일화에는 광릉 자리가 원래 다른 이의 묏자리였으나 풍수지리상 매우 좋은 자리여서 묏자리의 주인이 세조에게 헌납하여 세조가 묻힌 광릉이 되었는데, 일부 풍수가들은 광릉의 터가 좋아 조선 500여 년 왕권이 유지되었다고 전하기도 한다.

예종 1년 1468년 11월 주엽산 아래 광릉에 세조를 안치하고, 15년이 지난 성종 14년 1483년 3월 정희왕후가 승하하자 광릉 동쪽 언덕에 예장하였다.

298

늦가을, 입구에 울긋불긋 단풍이 물들어 왕릉보다 더 심취해 입구에서 촬영하느라 30분 정도 지체하고 들어갔다.

서오릉을 가보면 서울에서 접근하기 쉬워서인지 가족들의 산책 및 휴식공간이 된 지 오래다. 숙연함보다는 주변에서 웃음이 능 주위에 퍼지고 가끔씩 연인들이 주변에 보이는 것을 보면 데이트장소가 된 것 같다.

서오릉에는 관리면적이 51만여 평에 경릉, 창릉, 익릉, 명릉, 홍릉이 모여 있는 다섯 왕릉과 순창원, 수경원, 대빈묘가 있다.

| 서오릉 안내도 |

파나소닉 G3 | F8 | 1/250s | ISO 400 | 노출보정 -0.3
초점거리 14mm | TIME 07:00 | 서오릉

파나소닉 G3 | F8 | 1/160s | ISO 400 | 노출보정 -0.3
초점거리 14mm | TIME 07:01 | 서오릉

파나소닉 G3 | F8 | 1/500s | ISO 200 | 노출보정 -0.3
초점거리 44mm | TIME 08:38 | 서오릉

세조의 장자 추존왕 덕종과 소혜왕후가 묻힌 왕릉이다. 의경세자는 세종 20년 1438년 9월 수양대군의 맏아들로 태어나, 아버지인 수양대군이 왕위에 오르자 세조 1년 1455년 7월에 세자로 책봉되었다. 하지만 세조3년 1457년에 의경세자의 병세가 악화되어 왕위에 오르지 못하고 20세의 나이에 요절하고 말았다.

파나소닉 G3 | F8 | 1/160s | ISO 160 | 노출보정 0 | 초점거리 66mm | TIME 08:33 | 경릉 |

파나소닉 G3 | F8 | 1/400s | ISO 160 | 노출보정 0 | 초점거리 14mm | TIME 08:31 | 경릉 |

파나소닉 G3 | F8 | 1/80s | ISO 160 | 노출보정 0 | 초점거리 85mm | TIME 08:33 | 경릉 |

경릉은 추존왕 덕종과 그의 비 소혜왕후 한씨의 능으로 동원이강릉의 형태로 만들어졌다. 능침의 배치는 왕이 우측에, 왕비가 좌측에 모셔지는 것이 일반적인데, 경릉에서는 왼편에 왕릉이, 오른편에 왕비릉이 있다.

성종은 즉위한 지 얼마 되지 않은 해 성종 3년 1472년에 아버지인 의경세자를 온문의경왕으로 추숭하고 능호를 경릉, 묘호를 덕종이라 하였으며, 어머니인 수빈을 왕비에 봉하고 인수왕대비라고 하였다. 연산군 10년 1504년 4월에 소혜왕후가 승하하여 경릉의 오른편 언덕에 안장되었다.

• 창릉

조선왕 8대 예종과 인성왕후가 묻힌 왕릉이다. 예종은 세조와 정희왕후와의 사이에 둘째 아들로 세종 32년 1450년 1월에 태어났다. 세조의 맏아들 의경세자가 20세에 요절하여 그해 8세가 된 세조의 둘째 해양대군(예종)이 세조 3년 1457년 11월 세자로 책봉되어 1468년 9월 19세의 나이에 왕위를 이어받아 예종이 된다. 성년이 되지 않아 모친 정희왕후가 수렴청정을 하며 한명회, 신숙주 등의 중신이 섭정하는 제도를 실시하였다.

병약했던 예종은 재위 1년 2개월 만에 승하하였는데 짧은 재위 기간 동안, 각 도의 병영에 속한 전답인 둔전을 일반 농민이 경작하게 하여 백성들을 경제적 곤궁에서 벗어나게 하는 등의 업적을 세웠다. 세조 때 입안하였던 『경국대전』을 완성하였으나 반포하지 못하고 1469년 11월 20세의 어린 나이로 승하하였다.

예종의 능호를 창릉이라고 하여 현재의 자리에 능이 만들어졌고, 연산군 4년 1498년 12월에 안순왕후가 승하하여 이듬해 2월 창릉에 안장되었다. 창릉은 서오릉의 영역 내의 왕릉으로 만들어진 최초의 능으로 병풍석을 세우지는 않았으나 봉분 주위에 난간석을 두르고 있다.

| 파나소닉 G3 | F8 | 1/160s | ISO 160 | 노출보정 0 | 초점거리 14mm | TIME 07:58 | 창릉 |

| 파나소닉 G3 | F8 | 1/320s | ISO 400 | 노출보정 0 | 초점거리 14mm | TIME 06:58 | 창릉 |

● 명릉

조선왕 19대 숙종과 계비 인현왕후와 계비 인원왕후가 묻힌 왕릉이다. 숙종은 1661년 8월 경덕궁에서 현종과 명성왕후의 원자로 태어났다. 현종 8년 1667년 세자로 책봉되고 현종이 승하한 현종 15년 1674년에 왕위에 오르는데 재위 기간은 46년이었다.

숙종 시대에는 당파 간의 정쟁이 극에 달하여 붕당정치로 인해 파경을 맞을 위기에 처했는데 자세히 들여다보면 경신환국(숙종 6년 1680년), 기사환국(숙종 15년 1689년), 갑술환국(숙종 20년 1694년) 3개의 환국이 일어나는데, 숙종은 교묘하게 집권세력을 바꾸며 왕권을 강화시킨 왕이다.

숙종은 1674년 14살에 왕위에 올라 어린 나이에도 불구하고 수렴청정 없이 곧바로 친정을 하게 되었다. 당시 집권당이었던 남인이 숙종의 친정에 관여하고자 하여 이를 불편하게 여기고 있던 차에, 영의정인 허적이 자신의 허락도 없이 기름칠하여 물이 새지 않도록 만든 궁중천막을 가져가자 진노한다. 이에 인조의 손자이자 숙종의 5촌인 복창군, 복선군, 복평군 3형제가 영의정 허적의 아들 허견과 결탁하여 역모한 삼복의 변을 빌미로 남인을 대부분 실각시켜 서인으로 대신을 교체해 첫 번째 왕권 강화를 만든다. 그래서 숙종 즉위 정권을 장악하고 있던 남인은 숙종 6년 1680년 경신환국을 통해 대부분 실각하고 실세가 서인에게 넘어간다.

이때 숙종과 중전인 인현왕후 사이에는 아들이 없었는데, 숙종의 총애를 받던 희빈 장씨가 아들을 낳았다. 남인은 이를 기회로 삼고자 희빈 장씨의 아들을 원자로 추대하였는데, 숙종은 이에 반대하는 노론의 집권세력을 실각시켜 다시 남인이 정권을 잡게 되었다. 숙종 15년 1689년에 기사환국이 일어나 10년 만에 집권세력이 다시 남인으로 넘어가게 된다.

숙종 20년 1694년에 폐비 민씨 복위운동을 반대하던 남인이 실각하여 서인에서 분류된 소론과 노론이 재집권하게 되는 갑술환국이 일어나는데, 신하들은 당권을 잡기 위해 경쟁하지만 수시로 권력을 바꿀 수 있는 왕권을 두려워하게 만든 왕이 숙종이다.

숙종은 이러한 소용돌이 당쟁 속에서도 대동법을 전국에 확대 실시하여 백성들의 부담을 덜고, 상평통보를 주조하였으며, 군사제도를 정비하는 등의 다양한 노력을 기울였다. 숙종 46년 1720년 6월 경덕궁에서 60세의 나이로 승하하여 서오릉에 안치된다.

명릉은 19대 숙종과 그의 첫 번째 계비인 인현왕후, 두 번
째 계비인 인원왕후 세 사람을 모신 능이다. 숙종과 인현
왕후의 능이 쌍릉으로 나란히 조영되고, 인원왕후의 능은
다른 편 언덕에 단릉 형식으로 모셔져 동원이강의 배치를
보이고 있다.

그런데 보통 우상좌하의 원칙에 따라 동원이강릉의 오른
쪽 언덕을 왕이 차지하는 일반적인 왕릉과 달리 명릉에서
는 가장 낮은 서열의 인원왕후의 능이 가장 높은 자리인
오른쪽 언덕을 차지하고 있는 것이 특이하다.

| 파나소닉 G3 | F8 | 1/500s | ISO 160 | 노출보정 0
| 초점거리 44mm | TIME 07:58 | 명릉 |

| 파나소닉 G3 | F8 | 1/30s | ISO 400 | 노출보정 0 | 초점거리 14mm | TIME 06:07 | 명릉 |

• 익릉

조선왕 19대 숙종의 원비 인경왕후가 묻힌 능이다. 인경왕후는 광성부원군 김만기의 딸로 현종 2년 1661년 9월에 태어나 현종 11년 1670년 10세에 세자빈으로 간택되어 이듬해 4월에 가례를 올리고 세자빈으로 책봉되었다. 1674년 현종이 승하하고 숙종이 조선 19대 왕으로 즉위하자 왕비가 되었다. 숙종의 원비 인경왕후는 14세에 왕비의 자리에 오르지만, 숙종 6년 1680년 20세에 병으로 짧은 생애를 마치게 된다. 슬하에 2명의 공주가 있었으나 모두 일찍 죽었다.

익릉은 숙종의 원비 인경왕후의 단릉이다. 1680년(숙종 6년) 10월 26일 인경왕후가 승하하자 현재의 위치에 능호를 익릉이라 하고 만들어졌다.

| 파나소닉 G3 | F8 | 1/125s | ISO 160 | 노출보정 0 | 초점거리 85mm | TIME 07:08 | 익릉 |

| 파나소닉 G3 | F8 | 1/60s | ISO 320 | 노출보정 0
| 초점거리 35mm | TIME 06:58 | 익릉 |

| 파나소닉 G3 | F8 | 1/160s | ISO 160 | 노출보정 0
| 초점거리 29mm | TIME 06:57 | 익릉 |

조선왕 21대 영조의 원비 정성왕후가 묻힌 능이다. 21대 임금 영조의 원비인 정성왕후는 숙종 18년 1692년 12월 달성부원군 서종제의 딸로 태어나 숙종 30년 1704년 숙종의 둘째 아들인 연잉군(영조)과 가례를 올려 달성군 부인에 봉해졌다. 1721년 왕위에 오른 연잉군의 형 경종이 병약하고 후사가 없자, 연잉군이 왕세제로 책봉되어 정성왕후도 세제빈이 된다.

1724년 경종이 승하함에 따라 영조가 왕위에 오르자 왕비가 되었다. 영조 33년 1757년 2월 소생 없이 66세로 승하하여 서오릉에 안치된다.

영조는 왕후의 능지를 서오릉으로 정하고 본인이 죽으면 함께 묻히고자 왕비 능의 오른쪽에 자리를 비워두고 쌍릉 형식으로 만들고 능 위의 석물도 훗날 자신의 능과 함께 조성될 것을 미리 염두에 두고 배치하였다. 그러나 정조가 이 홍릉 자리를 버려두고 현재 영조가 잠들어 있는 동구릉 내 원릉으로 능지를 정하여 영조의 능은 정순왕후와 함께 동구릉에 자리 잡게 되었다. 이곳은 현재 빈 터로 석물만 쌍릉 양식으로 남아 있다.

| 파나소닉 G3 | F8 | 1/125s | ISO 160 | 노출보정 0 | 초점거리 126mm | TIME 07:38 | 홍릉 |

| 파나소닉 G3 | F8 | 1/60s | ISO 250 | 노출보정 0 | 초점거리 31mm | TIME 07:43 | 홍릉 |

• 순창원

조선왕 13대 명종의 첫째 아들인 순회세자와 세자빈 공회빈 윤씨가 묻힌 능이다. 순회세자는 13대 명종의 원자로 명종 6년 1551년에 태어나 7세에 세자로 책봉되었다. 명종 14년 1559년 윤옥의 딸 공희빈 윤씨와 가례를 올리는데, 순회세자는 가례를 올린 지 얼마 되지 않아 후사도 잇지 못한 채 13세의 나이로 세상을 떠나 명종의 대를 이어 중종의 손자 하성군(선조)이 왕위를 이어 받는다. 명종 18년 1563년 13세의 어린 나이에 순회세자가 요절하자 순창원이 만들어지는데, 29년 후인 선조 25년 1592년 세자빈 공회빈이 세상을 떠나 순창원에 같이 합장하였다. 세자의 묘로 만들어서 봉분에 난간석과 병풍석을 두르지 않고 석물이 작고 간단하다.

- **수경원**

조선왕 21대 영조의 후궁 영빈 이씨가 묻힌 능이다. 영빈 이씨는 사도세자의 생모로 어려서부터 궁녀생활을 하다 귀인이 되었으며 영조의 총애를 받고 영조 6년 1730년 영빈으로 봉해진다. 21대 영조의 후궁이자 사도세자의 어머니인 영빈 이씨는 영조 40년 1764년 69세의 나이로 세상을 떠났다. 그녀의 능은 현재 서울 신촌에 만들었으나 한일합병 이후인 1920년대 연희전문학교가 생겨 확장하면서 교내에 수경원이 위치하게 되어 1968년 6월 현재의 서오릉으로 이장하게 되었다. 후궁묘의 예로 만들어져 석물들이 단출하게 꾸며졌다.

| 파나소닉 G3 | F8 | 1/60s | ISO 160 | 노출보정 0 | 초점거리 66mm | TIME 06:47 | 수경원 |

서오릉에 있는 대빈묘는 조선 제19대 숙종의 후궁 희빈 장씨의 묘로 경종의 어머니이기도 하다. 사극에서도 자주 등장하는 장희빈은 인현왕후 민씨를 왕비에서 물러나게 하고 왕비에 책봉되었으나, 차후 인현왕후가 복위되고 장희빈은 숙종이 사약을 내려 죽었다. 그래서인지 왕릉치고 규모가 작고 소박한 것 같다. 원래 장희빈 묘는 경기도 광주에 있었는데 광주시 도시구획으로 희빈 장씨의 묫자리에 도로가 들어서게 되자 1969년 6월 숙종이 있는 서오릉으로 옮겨져 사적 제198호로 지정되었다.

한 시대의 극적인 삶을 살아온 희빈 장씨는 조선왕조 역사에서 유일하게 궁녀의 신분으로 왕비 자리까지 오른 여성이나 추후 빈으로 강등되고 사약을 마시고 죽은 비운의 왕비이다. 장옥정에 대한 이야기는 드라마, 영화, 소설로 널리 알려져 있다. 그만큼 소재가 풍부하여 일부는 진실이지만 가설이 더 많을 것이다.

필자가 장옥정에 대해 쓴 글도 자료를 규합해 보는데 어느 것이 진실이고 가짜인지 혼란스러울 때가 있다. 진실은 '장옥정이 궁녀에서 왕비가 되고 나중에 사약을 받고 죽는다'는 것이다. 그런데 장옥정이 왕비가 되는 과정과 추후 폐비 인현왕후 민씨가 다시 중전이 되고 장옥정이 사약을 받고 죽는 과정은 모두 다르게 묘사된다. 이 과정에서 숙종, 남인, 서인, 인현왕후, 경종의 어머니 장희빈, 영조의 어머니 최씨 등 눈에 보이지 않는 시기, 질투 그리고 세력 다툼에 의해 장옥정이 탄생한 것 같다.

희빈 장씨는 1659년 8월 9일생으로 조선시대뿐 아니라 한국사에서도 가장 널리 알려진 여성의 한 사람으로 본명은 장옥정이다. 아버지는 장경으로 통역 일을 하는 중인 관리(역관)였고, 어머니는 윤씨라고 전해진다.

장옥정의 어머니 윤씨(아버지 사역원 첨정 윤성립)는 남편이 사망하자 조사석의 첩이 된다. 남인인 조사석과 동평군 이항의 도움으로 장옥정은 궁에 나인으로 들어가 뛰어난 미모로 숙종의 마음을 사로잡는데, 이때부터 서인과 남인의 당파싸움에 주인공이 되기 시작한다.

장희빈에서 숙종의 어머니인 명성왕후와 숙종의 계비인 인현왕후를 빼고 이야기가 전개가 힘든 것은 장희빈은 남인 당색이, 명성왕후와 인현왕후의 신하들은 서인 당색이 짙었기 때문이다. 명성왕후는 부친 김우명과 함께 서인으로 당색이 매우 강했는데 숙종이 남인의 장희빈을 예뻐하자 서인인 명성왕후가 장희빈을 궁궐 밖으로 내보내어 숙종과 멀리하게 하였다.

숙종의 어머니 명성왕후가 죽자 장옥정은 다시 궁으로 입궐하여 후궁이 되었으며 숙종의 계비 인현왕후 민씨와 갈등하게 되었다. 당시 장옥정은 남인의 세력에 속해 있었고 인현왕후는 정치 실세였던 서인을 대표하여 두 사람은 정치적 적대관계로 있었는데 숙종이 오랫동안 아들을 얻지 못하다가 마침내 장희빈 사이에서 추후 경종이 되는 왕자 이윤을 낳았다. 1689년(숙종 15년) 1월에 이윤을 원자로 봉하고 소의 장씨는 희빈으로 승격하였다.

이때 장희빈의 원자 출생은 서인의 몰락을 의미하는 것이었다. 숙종이 장희빈의 아들을 원자로 봉하려고 하자 성급하다고 상소한 서인의 우두머리인 송시열은 숙종에게 삭탈관직을 당하고 제주도에 유배되었다가 남원에서 살해된다. 나머지 서인들도 유배형을 받고 관직을 그만두게 되니 자연히 남인이 빈자리 관직을 차지하게 되어 남인의 세상이 된다.

당시 숙종은 온통 장숙원(장희빈)에게 마음이 가 있어 인현왕후에게는 별 관심을 가지지 않았다. 하지만 장숙원은 중전의 궁녀들이 숙종의 출입을 보고 중전에게 고한다는 이유로 자신의 처소를 옮겨달라고 해 숙종은 내수사 별좌를 시켜 밤에 처소를 짓게 한다.

그 후 장희빈은 중전이 자신을 질투하여 독살하려 했다고 숙종에게 이간질하여 중전을 폐위시키게 한다. 그것을 반대한 영의정 권대운이 파직되자, 서인파 남인파 할 것 없이 폐위 반대를 벌떼처럼 일어나 한목소리를 냈다. 이때 대부분의 서인파도 귀양을 가거나 파직당하니 이를 두고 '기사환국'이라고 한다.

1690년 숙종 16년 6월 7일 드디어 세자 책봉이 선포된 후, 장희빈은 10월에 정식 왕비로 책봉되고 장희재는 포도대장, 장희빈의 어머니는 파산부 부인이 된다.

폐비 민씨는 안국동 집에서 궁녀와 함께 일체 바깥출입 없이 살고 있었다. 오빠 하나와 전 좌의정이었던 삼촌 등 일가친척 모두 귀양을 가고 오직 안국동집에서 어머님이 나르는 수라를 받으며 4년을 산다. 당시 인형왕후와 장희빈을 빗대어 유행했던 노래가 있는데, 일설에 의하면 서인이 만들어 장희빈을 괴롭혔다고 한다.

"미나리는 사철이요, 장다리는 한철일세. 철을 맞은 호랑나비 오락가락 노닐더니 제철 가면 어이 놀까. 제철 가면 어이 놀까."

미나리는 민씨를 빗댄 것이고 장다리(무, 배추 따위의 꽃줄기)와 호랑나비는 장희빈을 빗댄 것이다.

숙종은 장희빈을 위하고, 서인파인 인현왕후가 미워서 궁 밖으로 쫓아냈지만, 시간이 지나면서 숙종은 중전을 폐위시킨 것을 후회했다. 어느 날 숙종은 산책길에서 활 쏘는 소리를 듣게 되는데 숙종이 이상히 여겨 살펴보니 눈이 먼 무당이 벽에 붙여 놓은 폐비 민씨의 그림에 저주를 퍼부으며 화살을 쏘고 있었다. 당장 포박해 문초한 결과 중전이 시켜서 한 일이란 사실을 알게 되어 장희빈을 멀리하기 시작한다. 점점 최씨를 가까이하게 되어 왕자를 낳는데, 후에 왕자는 조선조 21대 임금인 영조가 된다.

숙종은 우연히 유생 김인 등이 쓴 영의정 권대운 좌의정 목내선, 우의정 민암, 총융사 장희재와 동평군이 역적모의를 했다는 고발장을 보게 된다. 숙종은 역적모의를 한 자들의 버슬을 뺏고 하옥시킨다. 이 사건이 1694년 숙종 20년 3월에 있었던 갑술환국으로 남인파의 대다수가 하옥되거나 귀양을 가게 되고 대신 많은 서인파가 다시 등용되는 사건이다. 결국 장옥정은 중전에서 희빈으로 강등되고, 폐비 민씨가 다시 복위되어 중전이 된다.

그러나 1699년 숙종 25년 인현왕후 민씨는(32세) 몸에 종기가 나는 병을 2년 8개월 동안 앓다가 숙종의 극진한 정성에도 불구하고 끝내 1701년 8월에 죽게 되는데, 장희빈이 중전의 저주 때문에 이렇게 된 것이라고 생각한 숙종이 장희빈, 장희재에게 사약을 내리고 올케와 그 일당을 참수하였다고 전해진다. 1701년 숙종 27년 10월에 숙종은 후궁이 중전이 되지 못하게 하는 법을 만들었다고 한다.

서삼릉 사적 제 200호로 희릉, 예릉이 있고 세자의 원 3기와 역대의 후궁, 대군, 군, 공주, 옹주 등의 묘가 45기 있다.

• 예릉

조선왕 25대 철종과 비 철인왕후가 묻힌 왕릉이다. 25대 왕 철종은 사도세자의 증손자이자 정조의 아우 은언군의 손자이다. 아버지는 은언군의 3남인 전계대원군이며 용성부대 부인과의 사이에 3남이다. 일명 강화도령으로 알려져 있다. 헌종이 후사 없이 승하하자 19세에 강화도에서 농사를 짓다가 갑자기 순조의 비 순원왕후 김씨에 의해 왕위에 오르게 되었기 때문이다.

철종은 이때부터 순원왕후의 수렴청정을 받으며 조정을 다스리게 된다. 하지만 안동 김씨 세도의 농간과 삼정(전정, 군정, 환곡)의 문란이 극에 달해 백성들의 생활이 도탄에 빠지게 되었다. 이에 따라 철종은 삼정이정청이라는 특별 기구를 설립하여 삼정의 문란을 수습하기 위한 정책을 시행하게 하는 등 민란의 수습에 진력했다.

철종은 재위 14년 6개월 만인 1863년 33세의 나이로 승하하였다. 고종은 철종의 능을 거창하고 웅장하게 꾸며 왕실의 오랜 세도정치를 타파하고 왕권을 강화하고자 하였으므로 예릉의 석물과 부속 건축물들은 웅장한 규모로 조영되었다. 철종의 비 철인왕후가 고종 15년 1878년에 42세로 승하하자 이곳에 함께 안장하여 쌍릉을 이루었다.

| 파나소닉 G3 | F8 | 1/60s | ISO 160 | 노출보정 0 | 초점거리 51mm | TIME 09:58 | 예릉 |

| 파나소닉 G3 | F9 | 1/500s | ISO 160 | 노출보정 0 | 초점거리 89mm | TIME 10:00 | 예릉 |

- **희릉**

조선왕 11대 중종의 첫 번째 계비 장경왕후 윤씨가 묻힌 능이다. 장경왕후는 성종 22년 1491년 7월 영돈령부사 윤여필의 딸로 태어나 중종 1년 1506년 궁중에 들어와 처음에는 숙의에 봉해졌으나, 중종비 단경왕후 신씨가 폐출되자 중종 2년 1507년 왕비에 책봉되었다. 중종 10년 1515년 원자를 낳고 산후병으로 경복궁에서 25세 나이로 승하하였다.

병풍석 없이 난간만을 두른 단릉(單陵)으로 단아한 느낌이다. 배치나 수법은 조선 전기 양식의 전통을 따르고 있다. 희릉은 원래 서울 서초구 내곡동 헌릉 서쪽 언덕에 만들어졌는데, 김안로가 희릉 밑에 큰 돌이 깔려 있어 불길하다 주장하여 중종 32년 1537년 현재의 고양시 서삼릉으로 옮겨진다. 그 뒤 중종의 정릉이 희릉의 곁에 안장되면서 동원이강 형식의 능을 취하고 능호를 정릉으로 하였다. 명종 17년 1562년 문정왕후에 의해 정릉은 현 강남구 삼성동의 선릉 곁으로 옮겨지고, 장경 왕후의 능은 다시 희릉이라 부르게 되었다.

| 파나소닉 G3 | F9 | 1/320s
| ISO 160 | 노출보정 0 | 초점거리 14mm
| TIME 09:26 | 희릉 |

| 파나소닉 G3 | F9 | 1/30s
| ISO 160 | 노출보정 0 | 초점거리 98mm
| TIME 09:35 | 희릉 |

318

• 효창원

조선왕 22대 정조와 의빈 성씨 소생 문효세자가 묻힌 능이다. 조선 22대 왕 정조와 의빈 성씨의 소생 문효세자는 맏아들로 태어나 세자 책봉까지 받았으나 5세의 어린 나이로 세상을 떠났다. 정조 10년 1786년에 문효세자의 무덤이 용산구 효창동에 있는 효창공원에 조성되었으나, 일제 강점기인 1944년에 경기도 고양시 서삼릉으로 이장되었다.

• 의령원

사도세자와 혜비 홍씨의 맏아들 왕세손이며 정조의 형이 묻힌 능이다. 서삼릉 정문에서 왼쪽 길을 따라 올라가면 보이는 언덕 위에 자리 잡고 있다. 원래는 서울 서대문구 북아현동에 있었으나 1949년 지금의 장소로 이장하였다. 봉분 주변에 장명등과 여러 석물 등이 배치되어 있고, 묘비의 비문은 영조가 직접 쓴 친필이다. 의소세손은 사도세자의 장남으로 태어난 이듬해인 1751년 왕세손에 책봉되었으나 3세의 어린 나이로 사망하였다.

| 파나소닉 G3 | F8 | 1/100s | ISO 160 | 노출보정
| 초점거리 85mm | TIME 10:09 | 서삼릉 |

| 파나소닉 G3 | F5.8 | 1/160s | ISO 160 | 노출보정 0
| 초점거리 139mm | TIME 10:13 | 서삼릉 |

| 파나소닉 G3 | F8 | 1/160s | ISO 160 | 노출보정 0 | 초점거리 29mm | TIME 10:10 | 서삼릉 |

| 파나소닉 G3 | F8 | 1/200s | ISO 160 | 노출보정 0 | 초점거리 29mm | TIME 10:09 | 서삼릉 |

320

파주삼릉은 조선왕 8대 예종의 원비인 장순왕후 한씨의 능 공릉, 조선왕 9대 성종의 원비인 공혜왕후 한씨의 순릉, 조선왕 21대 영조의 맏아들이고 정조의 양아버지인 추존왕 진종과 그의 비가 잠들어 있는 영릉으로 이루어져 있다.

공릉의 장순왕후 한씨와 순릉의 공혜왕후 한씨는 한명회의 딸로 왕실에 출가하였지만 둘 다 20세를 넘기지 못하고 단명하여 한명회는 그 당시 절대 권력과 부귀영화를 누렸지만 자식이 먼저 죽는 불운을 겪는다.

파주삼릉에 가면 태릉 조선 왕릉 전시관보다 규모는 작지만 파주삼릉 역사문화관이 있다. 이곳에 들어가면 조선왕조 계보가 상세하게 연도별로 사진과 함께 간결하게 설명이 되어 있고, 파주삼릉에 대하여 한눈에 볼 수 있게 전시되어 왕릉을 관람하는 데 편하다.

역사문화관을 지나면 오래된 가옥이 나오는데 파주삼릉에 있는 능 제사를 지내기 위해 지은 재실로 안에 들어가 살펴보면 원형 그대로 잘 유지되어 있다.

| 파나소닉 G3 | F8 | 1/250s | ISO 160 | 노출보정 0 | 초점거리 29mm | TIME 11:18 | 파주삼릉 재실 |

● 공릉

조선왕 8대 예종의 세자비 장순왕후 한씨가 묻힌 능이다. 당대 절대 권력을 행사했던 상당부원군

한명회의 딸로 태어났다. 1460년 4월 11일 세자빈으로 책봉되었으나 책봉된 지 1년 7개월 만에

세조 7년 1461년 11월 원손 인성대군을 낳고 산후병으로 그해 12월 17세의 꽃다운 나이로 승하하

였다. 그녀의 아들인 인성대군에 대한 기록은 거의 남아 있지 않은데, 태어나자마자 어머니를 여의고 유년 시절에 죽은 것으로 여겨진다.

장순왕후가 세조 7년 1461년 12월 세자빈의 신분으로 승하하자 세조는 이듬해 2월 장순이라는 시호를 내리고 파주 남쪽의 언덕에 안장시킨다. 성종 1년 1470년 1월 능호를 공릉이라 하고 1472년 1월에 장순왕후로 추존했다. 왕후로 추존된 후에도 세자빈 묘로 만든 능에 더 이상 넓히지는 않았다.

파나소닉 G3 | F8 | 1/500s | ISO 160 | 노출보정 0 | 초점거리 14mm | TIME 11:31 | 파주삼릉 공릉 |

조선왕 9대 성종의 원비 공혜왕후 한씨가 묻힌 능이다. 공혜왕후는 1456년(세조 2년) 10월 11일 상당부원군 한명회의 막내딸로 태어났다. 공릉에 묻힌 장순왕후와는 친자매 사이였다. 당시 예종과 성종 두 왕의 장인으로 한명회의 권력이 얼마나 대단한지 보여주는 대목이다.

세조 13년 1467년 1월 12세의 나이로 의경세자의 둘째 아들 잘산군과 가례를 올려 천안군 부인이 되었다. 그러나 왕비의 자리에 오른 지 5년 만인 성종 5년 1474년 4월 19세의 나이로 소생 없이 창덕궁에서 승하하였다. 한명회의 두 딸은 20세 전 젊은 나이에 죽는데 그 당시 왕이었던 어린 단종을 배척하고 세조를 왕위에 올리기 위해 수많은 살육을 하여 권력 잡은 아버지 한명회의 비운인 것처럼 보였다.

| 파나소닉 G3 | F8 | 1/200s | ISO 160 | 노출보정 0
| 초점거리 66mm | TIME 12:17 | 파주삼릉 순릉 |

| 파나소닉 G3 | F8 | 1/320s | ISO 160 | 노출보정 0
| 초점거리 29mm | TIME 12:20 | 파주삼릉 순릉 |

| 파나소닉 G3 | F8 | 1/60s | ISO 160 | 노출보정 0
| 초점거리 29mm | TIME 12:21 | 파주삼릉 순릉 |

- **영릉**

조선왕 21대 영조의 맏아들 추존왕 진종이 묻힌 능이다. 진종은 숙종 45년 1719년 2월 창의궁에서 영조의 맏아들로 태어났다. 영조가 1724년 즉위하자 같은 해 11월 경의군에 봉해졌는데, 다음 해 3월 7세의 나이로 왕세자에 책봉되었다. 그러나 영조 4년 1728년 11월 10세에 창경궁에서 숨을 거두어 영조는 효장이라는 시호를 내린다.

효장세자가 죽은 뒤 영조는 40세가 넘어 사도세자인 둘째 아들을 얻어 태어난 지 1년 만에 왕세자로 책봉하였다. 그러나 영조는 사도세자와의 불화로 영조 38년 1762년 사도세자를 뒤주에서 죽게 하고 사도세자의 아들인 정조를 일찍 죽은 효장세자의 양자로 입적시켜 왕통을 잇게 하였다. 1776년 왕위에 오른 정조는 선왕인 영조의 유지를 따라 효장세자를 진종으로 추존하고 능호를 영릉이라 했다.

| 파나소닉 G3 | F8 | 1/320s | ISO 160 | 노출보정 0 | 초점거리 126mm | TIME 12:24 | 파주삼릉 영릉 |

01 여주 영녕릉

조선왕 제4대 세종과 계비 소헌왕후가 묻힌 왕릉과 조선왕 제17대 효종과 계비 인선왕후가 묻힌 왕릉이다. 늦가을 주차장에 차를 세우고 나왔을 때 주변은 온통 단풍으로 물들어 왕릉에 가기 전 눈을 즐겁게 해주었다.

파나소닉 G3 | F8 | 1/250s | ISO 160 | 노출보정 0 | 초점거리 180mm | TIME 11:59 | 여주 영녕릉

삼성NX200 | F5.6 | 1/400s | ISO 200 | 노출보정 0 | 초점거리 92mm | TIME 12:51 | 여주 영녕릉

- **영릉**(英陵)

조선왕 제4대 세종과 계비 소헌왕후가 묻힌 왕릉이다. 세종은 태조 6년 1397년 조선 3대 임금 태종과 원경왕후의 셋째 아들로 태어났다. 태종 18년 1418년 양녕대군이 세자에서 물러남에 따라 세종이 왕세자로 책봉되어 1418년 22세의 나이로 조선 4대 임금이 된다.

세종대왕이 31년 6개월 왕위로 있는 기간에 많은 업적을 남기는데, 세종 2년 1420년 집현전을 설치하여 유망한 인재를 양성하고 학문을 진흥하여 유교정치의 기반이 되는 의례와 제도를 정비하였다. 그리고 세계 최초로 강수량을 측정하는 측우기, 천체의 운행과 위치를 관측하던 장치 혼천의, 태양의 일주 운동 때문에 생기는 수직 물체의 그림자 길이와 위치의 변화를 이용해 시간을 재는 해시계 등 과학기구를 발명하고 제작하였다. 세종전 앞마당에 왕위재위 시 발명한 과학기구들이 전시되어 있다.

세종은 민본 정치를 중요시하였는데 백성들과 글로 소통하기 위해 당대의 가장 큰 업적이라 할 수 있는 훈민정음을 창제했다. 정치, 경제, 사회, 문화를 조선시대에 근본이 되게끔 만든 왕이다.

세종 28년 1446년에 세종의 비 소헌왕후가 승하하자 서초구 내곡동 헌릉의 서쪽에 쌍실의 능을 조영하였다. 세종을 위해 오른쪽 석실을 미리 만들어 놓았다가 세종이 승하하자 합장하였다. 세조 때 세종이 묻힌 자리가 풍수상 불길하다고 능을 신하들이 옮기자는 주장이 있었으나, 실현되지 못하고 예종1년 1469년에 여주로 이장된다. 조선 왕릉 중 최초로 한 봉우리에 다른 방을 갖춘 합장릉이다.

세종대왕이 묻혀있는 능은 개방하여 능 주변촬영이 가능했다.

331

| 파나소닉 G3 | F8 | 1/200s | ISO 160 | 노출보정 0 | 초점거리 29mm | TIME 12:13 | 여주 영녕릉 |

| 파나소닉 G3 | F8 | 1/320s | ISO 160 | 노출보정 0 | 초점거리 29mm | TIME 12:15 | 여주 영녕릉 |

332

세종대왕 능에서 효종대왕 능으로 가는 길에 숲이 우거져 걷는 내내 발걸음도 가볍고 단풍이 진 나무를 바라보니 나의 눈이 호강하는 것 같았다.

333

- **영릉**(寧陵)

조선왕 제17대 효종과 계비 인선왕후가 묻힌 왕릉이다. 효종은 16대 인조와 인렬왕후의 차남으로 인조 4년 1626년 봉림대군에 책봉되고, 1636년의 병자호란으로 장남 소현세자와 함께 청나라에 볼모로 잡혀가 8년간 머무르게 되는데, 조선으로 귀국 후 인조 23년 1645년 소현세자가 급사해 차남인 봉림대군이 세자에 책봉되어 1649년 즉위를 한다.

효종은 청나라에 볼모로 잡혀갔을 때 수모를 생각하며 김집, 송시열, 송준길 등 청나라에 대해 강경한 입장을 가진 자들을 중용하여 은밀히 북벌 계획을 수립하여 군제의 개편, 군사훈련 강화 등에 힘을 썼다. 그런데 청나라의 국력이 더욱 강해져 북벌의 기회를 얻지 못하고 1654년 러시아와 청나라의 충돌사건이 일어나자 청나라의 강요로 오히려 그들을 도와 러시아와 정벌에 출정하였다.

효종은 정묘호란, 병자호란으로 인한 사회의 혼란시기에 안정을 찾기 위해 노력했다. 또한 대동법을 실시하고 상평통보를 주조하여 돈을 만든다.

효종 10년 1659년 41세의 나이로 창덕궁에서 승하하였다. 1659년 10월 건원릉 서쪽 산줄기에 능을 조성하는데 현종 14년 1673년 병풍석에 틈이 생겨 빗물이 스며들어 붕괴 우려가 있다는 가능성이 제기되면서 능을 옮겨야 한다는 천장론이 불거졌다. 그래서 현재의 위치인 세종의 왕릉 영릉 동쪽으로 능을 옮긴다.

영릉 천장 다음 해에 인선왕후가 승하하여 효종 왕릉 아래에 인선왕후의 능이 만들어졌다. 영릉은 특이하게도 왕릉과 왕비릉이 상하로 조영되어 있다.

| 파나소닉 G3 | F8 | 1/160s | ISO 160 | 노출보정 0 | 초점거리 29mm | TIME 12:58 | 여주 영녕릉 |

| 파나소닉 G3 | F8 | 1/640s | ISO 160 | 노출보정 0 | 초점거리 290mm | TIME 12:44 | 여주 영녕릉 |

335

효종 영릉재실은 제사기능을 수행하기 위한 능의 부속 건물로 조선 왕릉의 재실은 일제 강점기와 6·25전쟁으로 대부분이 파괴되어 없어지거나 일부만 남아있는데, 효종 영릉재실은 기본형태가 왕릉 재실 가운데 잘 보존되어 있는 대표적인 건축물로 학술적, 역사적 가치가 높이 평가된다.

| 파나소닉 G3 | F8 | 1/200s | ISO 160 | 노출보정 0 | 초점거리 29mm | TIME 13:07 | 여주 영녕릉 |

| 파나소닉 G3 | F8 | 1/125s | ISO 160 | 노출보정 0 | 초점거리 29mm | TIME 13:08 | 여주 영녕릉 |

정조의 아버지 추존왕 장조와 비 혜경궁 홍씨가 묻힌 왕릉과, 조선왕 22대 정조와 원비 효의왕후
가 묻힌 왕릉이다.

• 융릉

정조의 아버지 추존왕 장조와 비 혜경궁 홍씨가 묻힌 왕릉
이다. 장조(사도세자)는 조선 21대 영조의 둘째 아들이자
22대 정조의 아버지로 영조 11년 1735년 1월 영빈 이씨
아래서 태어났다. 영조의 맏아들 효장세자(추존왕 진종)가
영조 4년 1728년 9세에 죽고, 왕세자가 없는 시기에 영조
가 40세를 넘어 둘째 아들을 얻자 태어난 지 1년 만에 왕
세자에 책봉하였다.

사도세자는 어려서부터 매우 총명하여 수시로 글을 쓰고
시를 지어 대신들에게 나눠주기도 하여 여러 방면에서 왕
세자로서 뛰어난 자질이 있어 영조의 기대가 매우 컸다고
한다. 그래서 영조 25년 1749년 1월 영조는 대리청정을 맡
기는데, 왕세자를 경계하는 노론과 영조의 계비 정순왕후
가 모함하여 영조와 세자 간의 갈등이 깊어지게 만들어 영
조가 세자를 불신하게 되는 과정에서 사도세자가 당쟁의
희생양이 되어 뒤주 안에서 죽었다는 설도 있다. 사도세자
가 방탕하여 사도세자의 휘두르는 칼에 첩과 환시가 맞아
죽고 기녀와 방탕하게 유희를 즐겨 영조가 크게 실망하여

| 융릉비문 |

뒤주에 가두어 죽였다는 설도 있고, 세자가 죽기 전 평안도 여행을 하는데 쿠데타를 위해 준비하
기 위해 갔다가 영조에게 알려져 뒤주에 갇혀 죽었다는 설도 있다. 무엇이 맞는 사실인지 모르나

왕족 중에서 뒤주 안에서 죽은 불행한 왕족은 사도세자 한 분인 것 같다.

차후 1762년 5월 사도세자를 뒤주에서 죽인 것을 후회한 영조는 세자의 죽음을 애도한다는 뜻에서 '사도'라는 시호를 내리고 동대문구 휘경동인 양주 배봉산 아래의 언덕에 안장시켜 묘호를 수은묘라고 하였다. 1776년 그의 아들 정조가 즉위하여 아버지인 사도세자에게 '장헌'이라는 시호를 올리고 수은묘를 원으로 격상시켜 영우원으로 고쳐 부르게 되었다.

정조 13년 1789년에는 무덤을 수원 화성인 현재의 위치로 옮기고 현륭원이라 하였다. 순조 15년 1815년 12월 혜경궁 홍씨가 81세에 승하하여 현륭원에 합장하였다.

| 삼성NX200 | F8 | 1/500s | ISO 200 | 노출보정 0 | 초점거리 24mm | TIME 13:05 | 융릉 |

| 삼성NX200 | F8 | 1/320s | ISO 200 | 노출보정 0 | 초점거리 24mm | TIME 13:00 | 융릉 |

| 삼성NX20 | F10 | 1/250s | ISO 200 | 노출보정 0 | 초점거리 77mm | TIME 13:05 | 융릉 |

금천교 다리를 지나면 왼편에 자그마한 원형 연못 곤신지가
있다. 융릉이 천장된 다음 해 1790년에 조성되었는데 왕이 되지
못하고 죽은 아버지 사도세자를 위하여 왕이 되게 해드리기를 소
원하며 융릉 앞에 인공으로 연못을 만들었다는 설이 있다.

• 건릉

조선왕 22대 정조와 원비 효의왕후가 묻힌 왕릉이다. 정조는 사도세자와 혜경궁 홍씨의 둘째 아
들로 영조 28년 1752년 9월 태어났다. 영조 35년 1759년 8세의 나이에 왕세손으로 책봉되었고 영
조 38년 1762년 2월 11세에 효의왕후와 가례를 올리는데, 그해 아버지인 사도세자가 뒤주 속에
갇혀 죽는다. 1764년 죽은 사도세자의 아들인 정조를 왕위 계승의 명분으로 영조는 먼저 죽은 장
자 효장세자의 양아들로 삼아 명분을 만든다. 영조 51년 1775년에 정조에게 대리청정을 시키면서
왕위계승을 준비해 1776년 3월 경희궁에서 왕으로 즉위하도록 한다.

정조는 당파싸움의 희생양이 된 아버지 사도세자를 존호를 올려 장헌이라는 시호를 올리고 묘를
원으로 격상시킨다. 아울러 왕권을 위협하는 노론 벽파 일당에 대한 숙청을 단행했다. 왕권을 강
화하고 체제를 정비하기 위해 영조의 탕평책을 계승하여 발전시켜 신분의 제약 없이 능력과 학식
위주로 인재를 등용하여 왕권을 강화하였다.

과거제도 개선을 위해 대과는 규장각을 통해 국왕이 직접 관장하여 많은 과폐를 없앴다. 논밭에 관한 전제개혁에도 관심을 두고 규장각 제도를 일신하여 왕정 수행의 중심기구로 삼았다. 이론이 중시되는 학문에 치우치지 않고 실학을 발전시켰으며 정약용 등 실학자를 배출하여 조선 후기의 문예 부흥기를 가져왔다. 가난한 백성이 흉년이 들어 굶어죽는 사람을 구제하기 위해 자휼전칙을 만든다.

정조 시대에 큰 업적은 현재 세계문화유산이 된 수원 화성의 건립이다. 이러한 많은 업적을 남긴 정조는 정조 24년 1800년 6월 49세의 나이로 창경궁에서 승하하였다. 정조가 49세로 승하하자 유언대로 아버지의 능인 현륭원(훗날 융릉) 동쪽 두 번째 언덕에 안장되었다. 순조 21년 1821년 3월 효의왕후가 승하하여 정조의 능이 있는 현륭원 서쪽 언덕으로 이장하고, 효의왕후와 합장해서 오늘날의 건릉이 되었다. 건릉은 정조와 효의왕후의 합장릉으로 융릉과 같이 혼유석이 하나이다.

| 건릉비문 |

| 삼성NX20 | F9 | 1/250s | ISO 200 | 노출보정 0 | 초점거리 107mm | TIME 12:35 | 건릉 |

| 삼성NX200 | F9 | 1/500s | ISO 200 | 노출보정 0 |
| 초점거리 24mm | TIME 12:21 | 건릉 |

| 삼성NX200 | F9 | 1/640s | ISO 200 | 노출보정 0 |
| 초점거리 24mm | TIME 12:28 | 건릉 |

강원도 영월 장릉을 거닐다

강원도 영월에 조선왕 6대 단종이 묻혀있는 장릉이다. 조선왕 제6대 문종의 아들로 문종이 병약하여 일찍 승하하자 1452년 12세 어린 나이에 문종의 뒤를 이어 왕위를 계승한다. 문종이 살아생전 세력가였던 황보인과 김종서에게 단종의 보필을 부탁하는데 단종 즉위 1년 뒤 1453년에 숙부인 수양대군은 황보인과 김종서를 죽이고, 조선의 모든 병력을 장악하므로 단종은 이름뿐인 왕이 된다. 모든 권력을 잃은 단종은 숙부인 수양대군에게 1455년에 왕위를 물려주고 어린 나이에 상왕이 된다.

단종이 왕의 자리에서 쫓겨나 한양에서 한참 떨어진 영월 청령포로 유배되어 살해당한 것은 어린 왕인 단종의 복위운동 때문인 것 같다. 세조와 세조 추종 세력 한명회, 권람 등이 단종이 살아있는 동안 복위운동이 끊임없이 발생될 것을 우려한 것이다. 이때 성삼문 등(사육신)과 수양대군의 동생 금성대군이 단종 복위운동을 하지 않았다면, 단종은 노산군에서 서인으로 강등되고 살해당하는 불운의 왕이 아닌 평범한 상왕으로 남겨졌을 것이다.

당시 단종의 묘는 왕의 묘가 아니고 서인의 묘였는데, 숙종 7년 1681년에 이르러 대군으로 추대되었고, 1698년 왕위가 복권되어 단종이라 부르고 종묘에 신주를 모시게 하여 왕이 되므로 능을 장릉이라 하였다.

원래 왕릉은 한양에서 80리 이상 떨어지지 않는 곳에 만들었는데, 여주의 세종과 효정의 무덤인 영녕릉을 빼고 이곳 장릉이 가장 멀리 떨어진 능이다. 단종이 묻혀있는 장릉은 조선의 왕릉 중에서도 잘 보존되어 있어 장릉을 찾아 단종이 묻혀있는 왕릉 주변을 여기저기 살펴보면 다른 왕릉에 비해 잘 단정되어있다.

홍살문을 지나 오른쪽으로 가면 능을 관리하는 수복청이 있고, 정면으로 정자각이 있다. 왕릉이 있는 계단을 올라가서 보면 다른 왕릉들과 달리 낮은 구릉이 아닌 제법 높은 곳에 자리하고 있는데, 아마도 영월 호장 엄홍도가 충절을 지켜 눈 내리는 밤에 아무도 거두지 않은 시신을 몰래 거두어 눈에 띄지 않은 높은 곳에 무덤을 만들어 다른 왕릉보다 높은 곳에 있지 않을까 한다.

매년 4월이 되면 단종을 기리기 위한 단종문화제가 개최되는데 영월을 널리 알리기 위해서 그런지 서울과 근교에 있는 왕릉에 비해 행사규모가 크다. 조선 왕릉에서 가장 먼 곳에 있는 장릉을 가기 위해 새벽잠을 설치며 영월까지 3시간 넘게 달려 도착하니, 서울에 있는 왕릉과 다르게 하나의 왕릉치고 규모도 제법 크고 자연경관도 매우 빼어났다.

매표소에서 표를 내고 들어가면 단종역사관과 제실이 눈에 들어온다.

단종역사관 안에 들어가면 단종의 일대기가 전시되어 설명해주는데 이곳을 방문하면 단종에 대해 자세히 알 수 있다.

충신 엄흥도

엄흥도(嚴興道)의 본관은 영월(寧越)이다. 세조3년(1457) 영월에 유배 온 단종이 17세의 어린나이로 관풍헌에서 승하하자, 후환이 두려워 아무도 돌보는 사람이 없었다. 그러나 그는 후환을 두려워 하지 않고 관(棺)을 준비, 시신을 수습하여 영월 북쪽 5리쯤에 있는 영월 엄씨들의 선산인 동을지산(冬乙旨山)에 암장하였다. 전하기는, 암장한 뒤 계룡산 동학사에서 단종의 영혼을 제사지내고 자취를 감췄다고 한다. 현종 9년(1668)에 여필용(呂必容)이 엄흥도의 복호(復戶)를 주청했으며, 그 다음해 송시열(宋時烈)의 건의로 그의 후손들을 동용하였고, 영조34년(1758)에는 종 2품 가선대부(嘉善大夫)인 공조참판(工曹參判)으로 추증하고 영조가 친히 제문을 내려 육신(六臣)과 함께 모시도록 하명하였다. 순조 33년(1833)에 충신 엄흥도가 공조판서로 추증될 때 비문을 가립(加立)했으며, 충의공(忠毅公)이란 시호를 받은 고종 16년(1879)에 비문의 앞면을 고쳤다. 위패는 영월의 창절사, 문경의 의산서원에 있었으나 의산서원은 대원군의 서원철폐때 없어지고 위패는 단소라는 곳에 묻음. 상위재에 충절사가 있어 제사를 모시고 있다고하며, 시호는 충의(忠毅)이다.

단종 왕릉 복구

단종은 1457년 10월 24일 유시(酉時 오후 5시~7시 사이)에 관풍헌(觀風軒)에서 승하하였다. 그의 시신은 호장(戶長)인 엄흥도가 수습하여 동을지산(冬乙旨山) 신좌을향(辛坐乙向)에 암장하였다. 영월대에 비로소 관원을 파견하여 시체(屍體)하였고, 선조대에 강원감사 정철(鄭澈)의 장계(狀啓)로 봉묘를 하고 표석을 세웠으며, 그 후 광해군(光海君)대에 사우(祠宇)를 짓고 위패를 모셨다. 단종과 정순왕후의 복위에 이어 두 능을 추복하는 공사는 1698년 11월에 장릉과 사릉에 도감청을 설치하고 좌의정 최석정을 총리사(總理使)에 임명하였다. 공사의 시작은 정월 초하루부터 시작하였는데, 정순왕후의 능은 2월 20일 봉력지고, 장릉은 3월 초하루에 완성되었다. 그리고 공사도중인 2월 10일에는 장릉이 있는 영월을 군수에서 부사로 승격시키고 김시습의 증직과 사제를 행하도록하였다. 그러나 추운겨울에 한 공사였기때문에 6월에 봉분이 갈라지고, 7월에 석초가 기울어 용살문이 쓰러지는 등 소동이 벌어졌으나 7월 중순에 장릉 개수 도감을 설치하고 우의정 이색백으로 하여금 주관하도록 하여 윤 7월 23일에 장릉의 개수를 전부 끝마치게 되었다.

청령포

청령포는 강원도 영월군 남면 광천리 산67-1번지, 영월읍에서 서남쪽으로 약 3Km되는 곳에 위치하고 있다. 남쪽은 층암절벽으로 막혀있고 삼면이 강으로 둘러싸여 있어 배를 통하지 않고는 어곳을 드나들 수 없다. 세조 3년(1457, 근거자료〈조선왕조실록〉) 6월 단종이 노산군으로 지위가 강봉된 후 유배되었던 곳으로, 그해 여름홍수로 서강(西江)이 범람하여 처소를 동헌의 객사인 관풍헌으로 옮길 때까지 머물던 곳이다. 이곳에는 단종이 한양땅을 그리며 쌓았다는 망향탑이 있으며, 영조39년(1763)에 세워진 단종유지비각이 남아있다. 유지비 각 서록 망향탑 아래에는 관음송(觀音松)이라는 큰 소나무가 있는데 전해오는 이야기에 의하면 단종이 이곳에서 유배생활을 할 때 이 소나무가지에 걸터앉아 울부짖으며 오열하는 애처로운 모습을 직접 보고(觀), 들었으므로(音) 관음송(觀音松)이라 부르게 되었다고 한다. 청령포는 1971년 12월 16일 지방기념물 제5호로 지정되었다.

단종의 죽음

1455년 윤6월 단종은 세조에게 왕위를 물려주고 상왕이 되었다. 그러나 박팽년·성삼문 등이 단종의 복위(復位)를 꾀하다가 발각되어 모두 죽임을 당하는 사육신(死六臣)사건이 일어나 단종은 세조3년(1457)에 노산군으로 강봉된 뒤 영월에 유배되었다. 그 해 6월, 금성대군(錦城大君) 유(瑜)가 다시 그의 복위를 꾀하다 사사(賜死)되자 단종은 노산군에서 서인(庶人)으로 내려지고, 세조가 내린 사약을 받고 승하하였다. 세조실록에는 단종의 죽음에 관해, 그 스스로 목을 매고 죽었으며 예로서 장사지냈다고 기록되어 있다. 또한 승정원일기(承政院日記)에도 같은 해 10월24일, 노산군에게 사사를 명했다고 되어있다. 단종의 나이 17세 때였다.

단종과 무속신앙

조선 제6대 임금 단종(1441~1457)은 12세의 나이로 왕위에 올랐으나, 숙부인 수양대군에게 왕위를 물려주고 15세에 상왕(上王)이되었다. 그러나 곧 노산군으로 그 지위가 낮추어져 영월로 유배되어 17세에 죽임을 당하였다. 무속(巫俗)에서는 한(恨)을 품고 죽은 역사 속의 주요 인물들이 신(神)으로 모셔지는 경우가 흔히 있다. 단종 역시 죽음과 함께 민간과 무속에서 받드는 신령, 서낭신과 산신이 되었고, 특히 단종은 유배생활을 하다 죽임을 당했기 때문에 그에 대한 구전설화가 있으며, 그를 신격화하여 군왕신(君王神)으로 모시는 곳도 많다. 일명 노산군지신(魯山君之神)으로 불리기도 하는데, 영월을 중심으로 대백·정선에 이르는 인근지역에서 민간수호신으로 떠받들려지고 있으며, 단종의

장릉

장릉은 강원도 영월군 영월 영흥12리에 있는 조선 제6대왕인 단종(1441~1457)의 능(陵)이다. 봉분 앞에는 상석과 4각 지붕모양의 장명등(長明燈)이 있으며, 능 안쪽에는 망주석 2기와 문인석 3기, 양과 말 형상의 석수(石獸)가 세워져 있다. 장릉은 영월의 호장(戶長) 엄흥도가 단종의 시신을 수습하여 동을지산에 암장하였는데, 그 후 묘를 돌보는 이가 없어 방치되다가 중종 11년(1516)에야 비로소 노산군 묘에 대한 치제(致祭)가 이루어졌다. 그리고 숙종 24년(1698)년 11월 2일 전 현감 신규(申奎)의 상소로 숙종은 노산군의 시호를 단종공의온문순정안장경순돈효대왕(端宗恭懿溫文純定安莊景順敦孝大王)이라 하고, 종묘(宗廟)에 제사 올릴 때에 친히 절하여 단종(端宗)이라 했으며 능호를 장릉(莊陵)이라 추봉

단종제례

단종제례(端宗祭禮)는 세조에게 왕위를 선위한 단종과 그를 따르는 충신(忠臣)들의 넋을 기리기 위한 제사이다. 중종 11년(1516) 우승지 신상을 보내어 치제(致祭)한 것을 비롯해, 강원도 관찰사 혹은 조정 관리를 파견하여 단종의 묘에 제사게 한 데서 유래한다. 숙종 24년(1698) 단종이 복위되고 묘가 장릉(莊陵)으로 봉릉지면서 국왕의 역(役) 제의(祭儀)가 정례화 되었다. 또한 같은 해 단종제향(端宗祭享)이 열렸으며, 1791년에는 충신제향(忠臣祭享)을 위해 배식단(配食壇)이 설치되있다. 단종제향은 1967년 단종문화제로 승화되면서 매년 한식 〈단종제향일〉을 전후하여 지역문화행사로 자리잡고 있었으나, 2007년 제 41회 단종문화제 행사부터 4월 마지막주말에 제향을 올리고 있다. 또한 단종으로 인하여 목숨을 바친 충신들의 제향도 충신단에서 올리고 있다.

자규루

자규루는 강원도 영월군 영월읍 영흥리 984-3번지, 관풍헌 동쪽에 세워진 누각으로 정면3칸 측면어 2칸으로 되어있다. 본래 세종 13년(1431)에 영월군수 신권근(申權近)이 건립하여 매죽무(梅竹樓)라 불렀으며, 관풍헌에서 유배생활을 하던 단종이 이곳에 올라 자규시와 자규사를 읊었으므로 이때부터 자규루라고 불렀다. 자규루는 정조15년(1791)에 강원도 관찰사 윤사국(尹師國)이 중건하였으며, 1971년 12월 16일 관풍헌과 함께 강원도 유형문화재 제 26호로 지정되었다.

단종역사관을 지나면 단종제향을 지낼 때 제물을 준비하고, 제기를 비롯한 사용 기구를 보관하는 재실이 나온다.

나무계단을 올라가서 단종 능 주변에서 촬영하면 지대가 높아 기존 왕릉과 다른 분위기의 사진이
나온다.

장릉이 있는 언덕에서 내려오면 홍살문과 정자각, 수복실, 비각이 보인다.

배식단- 만든 음식 놓는 곳

| 파나소닉 G3 | F8 | 1/125s | ISO 160 | 노출보정 0 |
| 초점거리 29mm | TIME 09:05 | 장릉 |

수복실- 능지기 거처

| 파나소닉 G3 | F8 | 1/160s | ISO 160 | 노출보정 0 |
| 초점거리 45mm | TIME 09:06 | 장릉 |

| 파나소닉 G3 | F8 | 1/100s | ISO 160 | 노출보정 0 | 초점거리 35mm | TIME 09:07 | 장릉 |

단종 비각으로 비각에는 '조선국단종대왕장릉'이라고 음각으로 새겨져 있다.

영조 9년 1733년에 건립되어 나라에서 지내는 단종대왕 제사를 지낼 때 제물을 올리는 곳이다. 집 모양이 정자 모양으로 만들어진 재전으로 정자각이라 한다.

이곳에는 다른 왕릉에 없는 신하의 비각이 있는데, 단종이 세조에 의해 강원도 영월로 유배되어 1457년 10월 관풍헌에서 사약을 먹고 죽는다. '강물에 버려진 단종의 시신을 거두는 자는 삼족을 멸한다'는 어명에도 불구하고 가족과 함께 단종의 시신을 거두어 눈에 띄지 않은 높은 곳에 무덤을 만들어 추후 단종이 왕으로 복권될 때 엄흥도는 충신으로 추앙받았다.

| 파나소닉 G3 | F8 | 1/250s | ISO 160 | 노출보정 0
| 초점거리 29mm | TIME 09:18 | 장릉 |

| 파나소닉 G3 | F8 | 1/320s | ISO 160 | 노출보정 0
| 초점거리 29mm | TIME 09:18 | 장릉 |

◆ 대표적인 사진이 아닌 여러 장의 사진을 보여주는 이유

같은 장소라도 3년 동안 촬영하며 계절과 촬영시간대 그리고 어떤 렌즈사용에 따라 촬영되어 보여주는 것이 완전히 다르다. 그래서 이 책에서 이 장소에 어느 사진을 보여줄 것인가를 선택하는 데 6개월이라는 오랜 시간이 걸렸다.

이 책에서 한국문화유산 역사와 사진 촬영법을 같이 집필하다 보니, 책의 핵심이 흐려지는 것 같아 한국문화유산답사 시 간략하게 촬영에 필요한 부분만 설명하고자 한다.

1. 같은 장소에서 촬영해도 렌즈를 어느 것으로 달고 촬영하는가에 구도와 구성이 달라진다.

렌즈는 크게 나누어 단렌즈, 광각렌즈, 표준렌즈, 망원렌즈 4가지로 나눌 수 있다.

| 파나소닉 G3 | F2.8 | 1/640s | ISO 160 | 노출보정 0 | 초점거리 90mm 단렌즈 | TIME 15:50 | 창덕궁 인정전 |

단렌즈 - 조리개 개방치가 넓어서 보여주고자 하는 특정 피사체를 부각할 수 있다.

| 파나소닉 GF3 | F8 | 1/200s | ISO 160 | 노출보정 0 | 초점거리 15mm 광각렌즈 | TIME 08:15 | 창덕궁 인정전 |

광각렌즈 - 넓은 영역을 담을 수 있어 와이드 앵글로 연출하기에 좋다.

| 파나소닉 G3 | F8 | 1/60s | ISO 250 | 노출보정 0 | 초점거리 54mm 표준렌즈 | TIME 15:04 | 창덕궁 |
표준렌즈 – 사람의 눈으로 확인할 수 있는 시야각과 흡사하여 안정감 있는 피사체 연출이 가능하다.

| 파나소닉 G3 | F4.7 | 1/200s | ISO 200 | 노출보정 0 | 초점거리 200mm 망원렌즈 | TIME 16:49 | 창덕궁 |
망원렌즈 – 먼 거리에 있는 피사체를 당겨서 촬영하기 때문에 특정 피사체를 부각할 수 있다.

355

2. 같은 장소라도 조리개를 열어주느냐 아니면 닫아주느냐에 구성이 달라진다.

356

3. 같은 장소라도 측거점을 어디에 놓고 촬영하는가에 느낌이 달라진다.

측거점

| 파나소닉 LX7 | F1.4 | 1/100s | ISO 125 | 노출보정 0
| 초점거리 24mm | TIME 17:36 | 창덕궁 |

| 파나소닉 LX7 | F1.4 | 1/200s | ISO 125 | 노출보정 0
| 초점거리 24mm | TIME 17:36 | 창덕궁 |

4. 같은 장소라도 셔터속도를 느리게 아니면 빠르게 하는가에 따라 사진의 느낌은 달라진다.

| 상] 삼성NX11 | F4.5 | 1/640s | ISO 100 | 노출보정 0 | 초점거리 41mm | TIME 13:48 |
| 해] 삼성NX11 | F22 | 1/15s | ISO 100 | 노출보정 0 | 초점거리 41mm | TIME 13:48 |

5. 같은 장소라도 촬영위치에 따라 보여주는 구도가 달라진다.

한 자리에서 카메라를 들고 촬영할 수 있는 사진은 얼마나 가능할까? 카메라를 처음 접하는 초보자는 다양한 앵글 잡기를 두려워하여 카메라 프레임에 넣고 거의 한 자리에 서서 1컷을 촬영하고, 어느 정도 사진을 알면 가로와 세로사진 2컷을 촬영하고, 중급자 이상이 되면 로우, 미들, 하이앵글 3컷과 가로와 세로사진 6컷 촬영이 가능하다.

보통 중급자 이상이 되면 촬영위치를 바꾸어가며 여러 컷을 촬영하여 좋은 사진을 선택한다.

| 파나소닉 LX7 | F1.4 | 1/100s | ISO 125 | 노출보정 0 | 초점거리 24mm | TIME 17:36 | 창덕궁 |

| 파나소닉 LX7 | F8 | 1/100s | ISO 80 | 노출보정 0 | 초점거리 24mm | TIME 17:41 | 창덕궁 |

| 파나소닉 LX7 | F8 | 1/125s | ISO 80 | 노출보정 0 | 초점거리 24mm | TIME 17:42 | 창덕궁 |

359

나무를 포인트 잡고 장소를 옮기며 촬영한 사진

6. 같은 장소라도 색감과 질감의 표현 즉 컬러로 촬영할 것인가 아니면 흑백으로 촬영할 것인가에 따라 사진의 느낌은 달라진다.

초보자도 한국에 있는 유네스코를 방문하여 촬영할 수 있게 간략하게 6가지를 예를 들어 촬영 팁을 만들었으니 촬영 전에 읽어보고 촬영에 들어가면 도움이 될 것이다. 그리고 이 책을 보면 사진에 카메라 정보를 별도로 넣어 사진촬영에 조금이나마 도움이 되었으면 한다.

1. 어떻게 하면 사진을 잘 찍을 수 있나요?

수없이 촬영하며 시행착오를 겪으면서 위의 6가지 조건을 충족시키면 된다고 하면 너무 어렵다고 한다. 그래서 사진은 인내와 기다림의 미학이라고도 한다. 6가지 조건으로 계속 촬영하다 보면 본인의 촬영데이터가 생겨 본인이 좋아하는 스타일 즉 입맛에 맞는 사진을 촬영할 수 있다.

2. 어떤 카메라로 사진을 촬영하면 좋은가요?

이제는 디지털 세상이 되어 메이커 차이는 별로 없다. 또한 디지털카메라는 메뉴 안에 있는 기능을 제대로 익혀 내 것으로 만들면 명기가 된다. 그래서 필자는 카메라에 관한 책을 4권 썼는데 『한손에 잡히는 똑딱이카메라』, 『한손에 잡히는 하이엔드카메라』, 『삼성NX로 찍는 사진의 마법』, 『파나소닉 루믹스G로 찍는 사진의 마법』 모두 다 고가의 카메라가 아니다.

이 책을 집필한 이유는 고가의 카메라가 아니어도 내 마음에 드는 작품사진을 만들 수 있다는 것을 보여주고 싶었다. 필자는 실습강좌를 하면 똑딱이카메라 LX7과 미러리스카메라 삼성 NX200을 들고 강의를 하는데 필자의 카메라가 가장 작다.

참고 문헌 및 자료

· 유네스코 한국위원회

· 유네스코와 유산 홈페이지 http://www.unesco.or.kr/heritage/index.asp

· 문화재청

· 사이버문화재탐방 홈페이지 http://www.heritage.go.kr/visit/cyber_2008/index.jsp

※ 역사는 해석하는 사람의 관점에 따라 재편집 또는 재구성될 수 있고, 역사 자료 또한 다양하게 해석될 수 있음을
밝힙니다.

조선의 사계 이야기

초판 1쇄 펴낸 날 | 2013년 9월 30일

글 · 사진 | 변현우
펴낸이 | 이금석
기획 · 편집 | 박수진
디자인 | 강한나
마케팅 | 곽순식, 김선곤
물류지원 | 현란
펴낸곳 | 도서출판 무한
등록일 | 1993년 4월 2일
등록번호 | 제3-468호
주소 | 서울 마포구 서교동 469-19
전화 | 02)322-6144
팩스 | 02)325-6143
홈페이지 | www.muhan-book.co.kr
e-mail | muhanbook7@naver.com
가격 17,000원
ISBN 978-89-5601-323-7 (13900)

잘못된 책은 교환해 드립니다.